ヒーローマーケティング

町の薬局を
県内最大手に導いた

HERO MARKETING

大賀崇浩
OHGA TAKAHIRO

幻冬舎MC

提供：認定こども園 舞鶴保育園

地域一体薬局（企業）の

推進定義

福岡を中心とした九州で
無くてはならない存在

行政や地場企業と一体
となって持続可能な社会を創る

その中心企業になること

オーガマンの
やくいく
プロジェクト

「地域一体企業日本一」

も戦略そのもの！

PURPOSE

目的

薬育とは

現在の「薬育」の定義は青少年への違法薬物の使用を防止する側面が強い

オーガマンの「薬育」

子どもに向けた薬育

処方された薬を最後まできちんと飲むことの大切さを伝える。子どもたちは常々「残さず食べなさい」と大人に言われているが 逆に子ども目線から両親・おじいちゃんおばあちゃんへ向け、「ずっと健康でいてほしいからお薬を全部、忘れずに飲んでね」というメッセージを発信する。

大人に向けた薬育

薬剤師は、処方量や薬の飲み合わせを確認し、医師と相談して薬を減らすことができる。薬を飲まなくてもいいように生活習慣のアドバイスをして、病気予防のお手伝いができる。薬を「増やす」のではなく「減らす」。それが薬剤師の使命であることを発信していく。

EC

ブルーアダマンタイトとは

ダイヤモンドの100万倍に相当する硬度の神話級の鉱石。ただ硬いだけではなく星々の膨大なエネルギーを圧縮したかのようなパワーを発する超エネルギー体でもある。そのエネルギーはあらゆる病気やケガを治し、薬の効果を高めたりもする。

メインシステム

ブルーアダマンタイトの膨大なエネルギーを制御する大事なパーツ。
これがないと暴走してしまう。

冷却装置

メインシステムが熱暴走しないように冷やす装置。

オーガバスター

注射器のようなオーガマンの必殺武器。
錠剤を装填することができる。

BODY SP

ボディ・スペック

オーガマンのボディスペック

バイザーホーン

下げると戦闘態勢になり敵をロックオンする。
敵の弱点のほかに相手の病気の原因を見抜くことができる。

オーガハンド

ブルーアダマンタイトの力で回復や消毒が行える。

パンチ力：200t

変身ボタン

指紋認証付き、
変身時はリミッター解除ボタンになる。

超高エネルギーリング

ブルーアダマンタイトで作られている。
ここからエネルギーシールドを展開することで、どんな病気にもかからず常に清潔で健康な状態を保てる。

オーガレッグ

ブルーアダマンタイトの力で歩いたところから消毒されていく。

キック力：400t

痛みに
即効！

ジマン

皆の健康はオーガが守る！
オー

やくいく手帳の配布

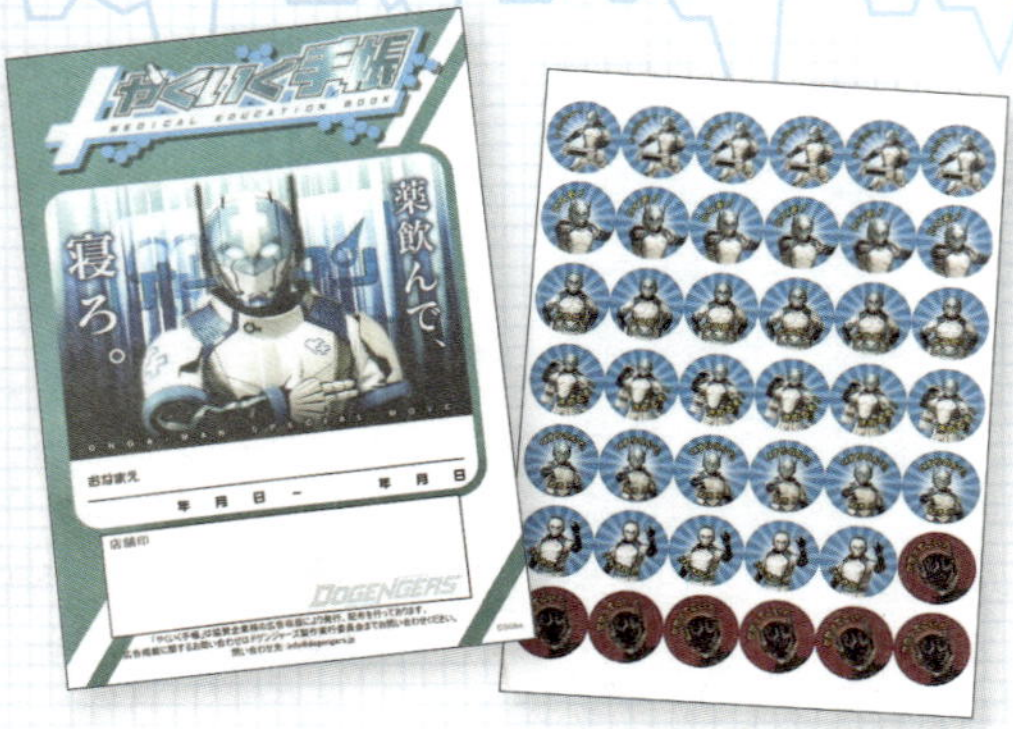

やくいく手帳は、処方されたお薬をきちんと最後まで飲むことの大切さを伝えるために作られたお薬手帳。大賀薬局全店、およびその他全国の一部薬局でも配布している。なお付属のシールも合わせて配布している。

やくいく手帳 MEDICAL EDUCATION BOOK 配布マップ

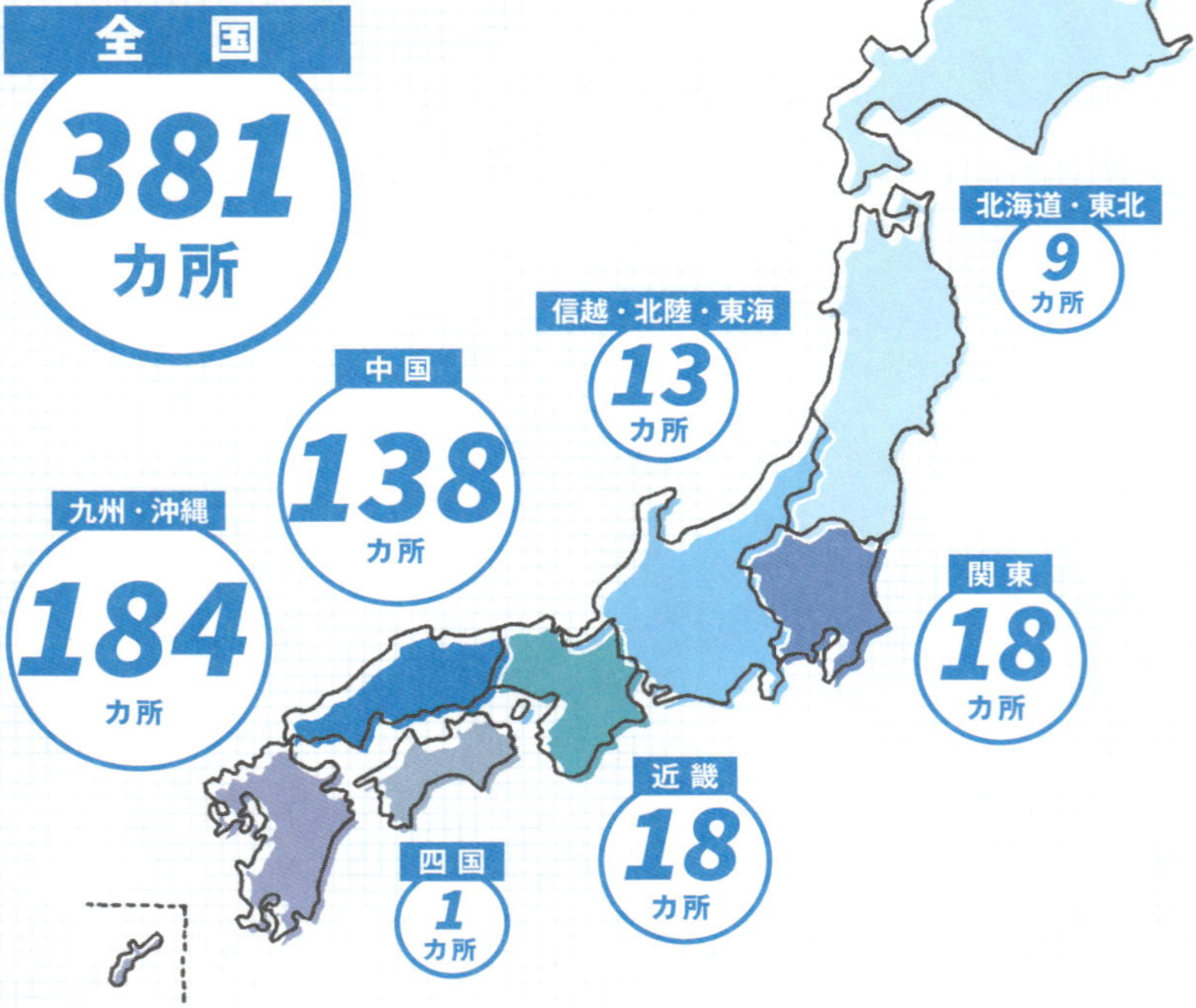

ACTIVITY

啓発活動

保育園・幼稚園での手洗い・うがい教室

子どもたちに正しい手洗いやうがいの方法について楽しく学んでもらい、元気に過ごしてほしいと考えており、オーガマンと薬剤師YouTuberのワディ・ポップが福岡市を中心とした保育園、幼稚園を訪問している。2022年には105園を訪問し11,378人の園児と交流した。

やくいくショーの実施

撮影者：unnnu

お薬を残さず飲むことの大切さを子どもたちにも楽しく・わかりやすく伝えるため、ショッピングモールや遊園地などでヒーローショーを開催している。

EGY

SNS戦略

オーガマンはYouTubeやX（旧Twitter）、TikTokなどのSNSを駆使して戦略的に“バズって”きた。特にXでのツイートは子ども向けのヒーローの特徴を大人向けに発信することで、多くのフォロワーを獲得している。

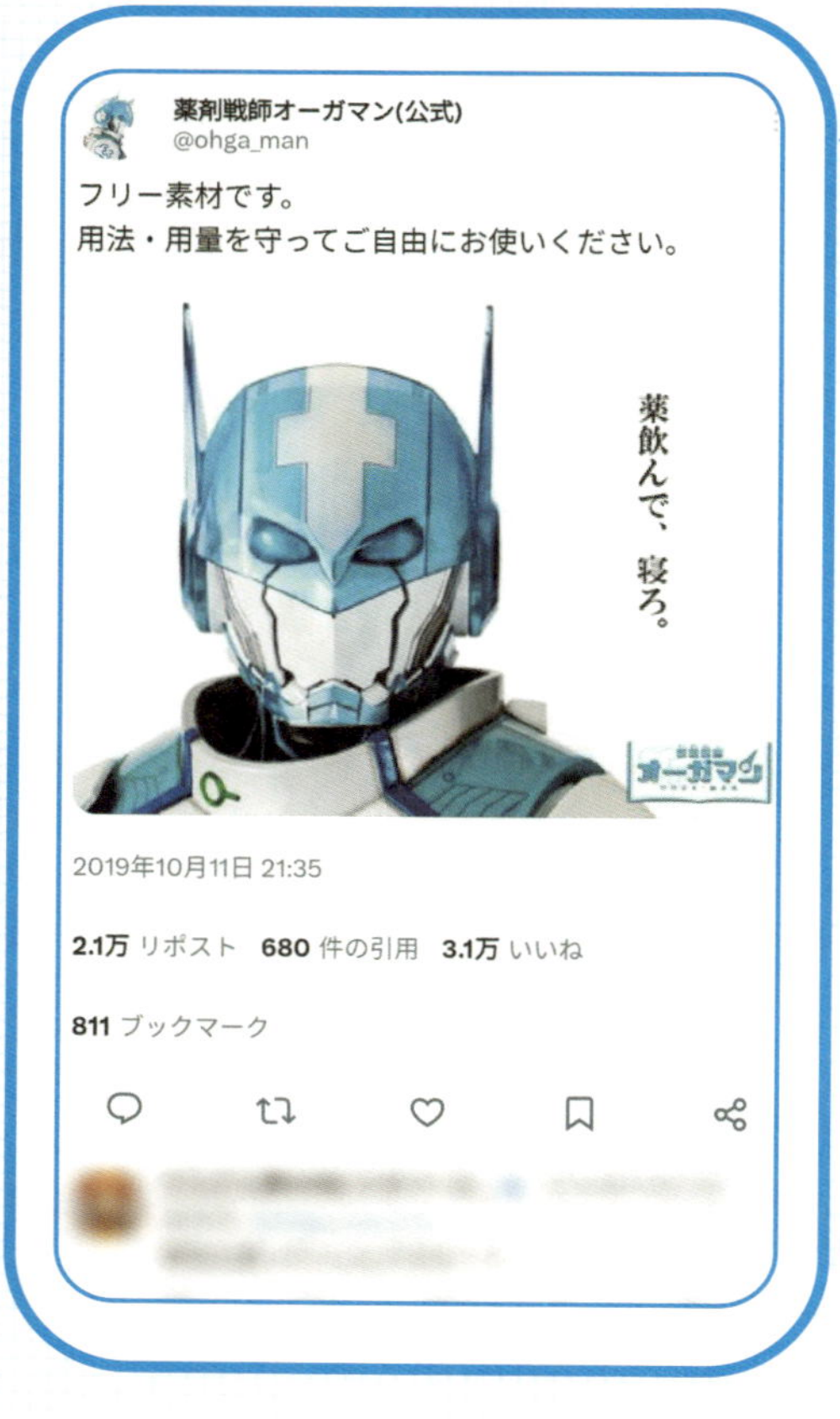

2万
リポスト超！

PR STRAT

プロモーション施策

/ohga

Xでバズり２時間ほどで

10万回
再生！

フォロワー
60000人

大賀薬局公式　12000人
オーガマン公式 48000人

ohga_man

フォロワー
23000人

大賀薬局公式 20000人
オーガマン公式 3800人

ohga_official

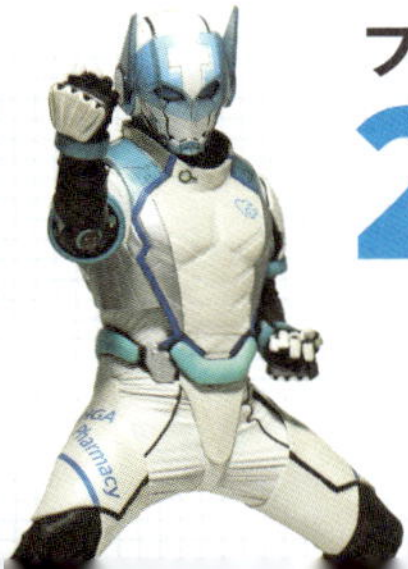

ATEGY

枠を、超え過ぎた――
NUTS
シン・ドゲンジャーズ
SHIN・DOGENGERS
2024.7.14 [sun]
KBC九州朝日放送
毎週日曜あさ10:00
KKB鹿児島放送
毎週日曜
あさ10:05
正木郁
大葉みらい 長岡大雅 尾澤功 七星めろん
〈声の出演〉岸祐二 梶裕貴 土屋シオン 鈴木勝大 秋葉佑 荒咬オウガ
アクション監督／押川善文 脚本／シャベリーマン プロデューサー／笹井浩生
dogengers.com

AREA STR

地域戦略

ローカル特撮番組を 地上波放送！

オーガマンの号令のもと、それぞれ個別で活躍していた九州の“実在するヒーロー”達が集結して作られた、福岡初で福岡発の福岡を舞台とした本格特撮ヒーロー作品「ドゲンジャーズ」！

2020年に1stシーズンの放送をスタートし、年に1シーズンのペースで2ndシーズン、3rdシーズン、4thシーズンを経て、2024年7月から5thシーズンに突入！

ドゲンジャーズ年表

2019年	10月	オーガマン活動開始
2020年	4月	ドゲンジャーズ放送開始
	6月	ドゲンジャーズがTwitterのトレンド1位
2021年	4月	ドゲンジャーズ ナイスバディ放送開始
	6月	ドゲンジャーズ オフィシャルブック発売
2022年	4月	ドゲンジャーズ ハイスクール放送開始
2023年	4月	ドゲンジャーズ メトロポリス放送開始
	5月	イベントが九州シェア率1位を達成
2024年	7月	シン・ドゲンジャーズ放送開始

RESULTES

マーケティング成果

大賀薬局認知度（2024年６月ブランド戦略調査報告書）

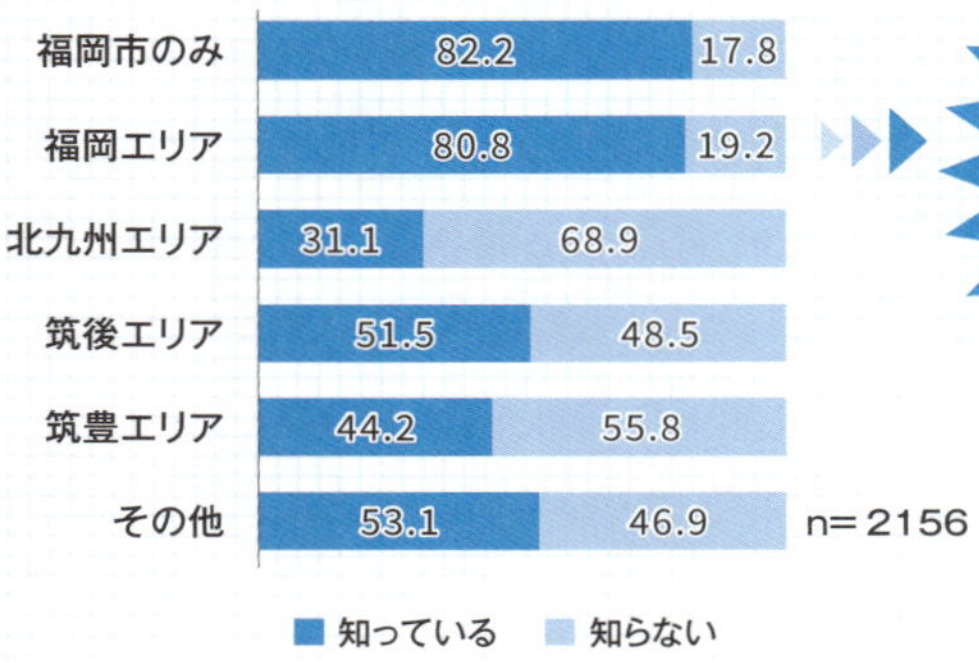

80.8%へ上昇

（2023年：75.4%）

特に「福岡エリア」においての伸び率が顕著

大賀ロゴ認知度（2024年６月ブランド戦略調査報告書）

ある企業のロゴマークです。
どの企業のロゴマークだと思いますか？

（福岡市近郊アンケート1157名）

37.5%へ上昇

（2023年：29.1%）

はじめに

少子高齢化や人口流出により、集客・売上に課題を抱えている地方企業は少なくありません。各企業が抱えている課題はその地域や企業の状況によりさまざまですが、これから地方企業が生き残ったり、大手企業に負けない競争力をつけたりするためには、戦略的にマーケティングを実施していくことが必要不可欠です。

私が九州・福岡にある老舗薬局チェーンの5代目として親から経営を引き継いだ2017年当時は、地域の人口減少によって消費規模が縮小するなか、顧客を全国展開の薬局チェーンに奪われていくのを何もできずにただ見ているしかありませんでした。私はなんとか打開する手立てはないかと考えましたが、多くの老舗企業と同じように、自社の歴史や伝統の重さを必要以上に意識せざるを得なかったために思い切った策を講じることができずにいました。そのため具体的なマーケティング戦略を行って、社員や取引先の意識を変えることも、また顧客が私の薬局に抱くイメージを一新することもできないままだったのです。

この状況を大きく変えたのが、以前から温めていたヒーローマーケティング戦略です。自社を多くの人に認知してもらい、業績に結びつけるには、思い切り振りきった戦略が必要です。そこで生粋の特撮好きだった私は、自らヒーローに変身して格好よく自社をＰＲすることで、ヒーローを核としたプロモーションを展開しようと考えました。ヒーローキャラクターの話題性によって認知度を上げ、自社の店舗に購買層を呼び込もうとしたのです。

もちろん最初は突拍子もない私の持ち込み企画に社内から反対の意見が多く出ました。しかし、事前に行ったマーケットリサーチやイニシャルコストの把握、そして何よりヒーローになって会社を変えるという私の熱意を伝えたことで施策は前進していったのです。ヒーロー自体のクオリティにも徹底的にこだわりました。会社の名前が大賀薬局なのでヒーローの名前も「薬剤戦師オーガマン」、決め台詞は「薬飲んで、寝ろ。」です。オーガマンの行動理念は、薬の飲み残しを減らすこと、つまり残薬問題の解消に設定しました。

患者の薬の飲み忘れや自己判断での服薬中止によって生じる残薬は、薬の適正使用や医療費の観点から社会問題の一つとなっています。そのため薬剤師にとって患者の服用状況を把握・管理し、医師と相談して適切な薬の量を処方することは使命ともいえます。

薬の飲み残しは個々の患者の健康に関わる重要な問題です。薬局から生まれたヒーローとして人々の健康を守り、同時に負担する医療費の削減を使命としたことで、その行動理念に説得力が増し、結果として人々に受け入れられたのだと思います。

結果として、オーガマンは私の想像を超えて大きな話題となり、北九州の地にその名をとどろかせるようになりました。知名度が一気に上がったことで大賀薬局の顧客は増加し、特に子どもや若い層が増えて、地域はヒーローイベントで活気づきました。一薬局のプロモーションだったものが、いつしか地域の人々や企業をも活気づける起爆剤となっていったのです。最初は懐疑的だった社員たちもこの反響に驚き、「これはいける！」と盛り上がってプロモーションも営業面でもどんどん挑戦的になっていきました。そこで私はこの効果的な施策を「ヒーローマーケティング」と名付け、より一層活動を拡大していったのです。

ヒーローマーケティングは端的にいうと「ヒーローを通じて企業の熱い思いを消費者に届け、企業と消費者が一体となって社会正義の実現を目指すもの」です。社会正義のために活動するヒーロー、という話題性と魅力が、消費行動に結びつくビジネスモデルとなります。

オーガマンが掲げる残薬問題の解消はもちろん、同じ九州エリアでは企業が自社のＰＲのために生み出したヒーローたちが存在し、勇気の発信や食育から、ＬＰガスの普及やご当地ＰＲといったものまで「社会正義」として掲げています。それは決して大げさで堅苦しいものではなく、消費者や企業、地域にとって良いことは、すなわち自分たちにとっての社会正義だと定義しているのです。

ヒーローの持つ話題性と圧倒的な存在感は、消費者・企業・地域を活性化させるだけの爆発力を持っています。ただし、企業が単に自社の名を冠したヒーローをつくれば必ず変化が訪れるわけではありません。大きなムーブメントを起こし、消費者を夢中にさせるためには緻密な戦略が必要なのです。

本書は、ヒーローマーケティングを活用したビジネス手法を伝える解説書です。ヒーローというキーアイテムを効果的に活用して企業情報を発信するポイントや、その後の展開拡大の手法を、実際の成功例を通じて詳しく解説していきます。

ヒーローマーケティングが、苦境に陥っている企業の経営者や新しい経営戦略を立てようとする人たちの、マーケティング施策や経営改革のヒントとなれば、何よりの喜びです。

目次

はじめに 17

オープニング

絶体絶命!? モノが売れない時代
ヒーローマーケティングが会社のピンチを救う

物語編

熱いぜ、ヒーローショー ―警察も出動する騒動に― 30
地方ドラッグストアの危機 ―全国チェーンの襲来― 33
チャレンジを忘れた老舗薬局 ―5代目経営者としての苦悩― 37
薬剤師が奪われる ―調剤薬局の危機― 39
門前薬局を拡大する ―薬局の原点― 42
いつかヒーローになりたい ―改革の柱を求めて― 43
ヒーローマーケティングが会社を救う!? ―小さな野望― 45

第1話

オーガマン誕生！独創的なヒーローで競合他社との差別化を図る

注目を集めるために必要なのは特撮ヒーローを超えるクオリティ

物語編

人との出会いが新たなビジネスを生む ―ヒーロー志望の変人― 50

オーガマン誕生秘話 ―伝説の始まり― 52

デザインだけは絶対に手を抜かない 54

パーソナリティーと企業ビジョンの調和 ―薬飲んで、寝ろ。― 57

最初のピンチは取締役会議にあり 61

解説編

ヒーローマーケティングとは何か 66

ヒーローマーケティングの独自性 68

コストか投資か 74
子どもたちは未来の顧客 75
低予算でもヒーローは制作できる 77
時にはトップダウンで押し切ることも必要 79

第2話

ヒーロー見参！ SNSで企業の広告塔になり、ヒーローショーで住民の心をつかむ

メディア戦略と地域戦略で幅広い層の顧客を獲得

物語編

ヒーローショーを企画する ―歓声に包まれて― 82
テーマ曲とPV撮影 ―エキストラは社員の子どもたち― 84
X公式アカウント設立 ―SNSでバズる― 89

テレビで魅せる　―数で勝負のメディア戦略―　91
ドゲンジャーズ結成　―ついに役者がそろう―　94
取締役会議の壁ふたたび　―独裁者と言われて―　96
喜び、のち苦難　―膨れ上がる予算とコロナの危機―　99
『ドゲンジャーズ』出陣！　―ピンチを乗り越えたヒーローたち―　101
悪の秘密結社が資金を募る　―クラウドファンディング―　103

解説編

効果を発揮するヒーローマーケティング戦略　106
教育現場でも活躍するヒーロー　108
ローカルの商業施設との連携が相乗効果を生む　110
SNS運用は令和のヒーローの必須要素　113
ヒーローによるヒーローのためのSNS運用術　by キタキュウマン　115
絶大な発信力のテレビ番組はチャレンジの価値あり　122
資金難を救う製作委員会方式　124
スポンサー企業との信頼関係が面白さを生む　127

第3話

爆撃必殺！ 他社とのコラボレーションが新たなファンを生む

ヒーローを使ったタイアップ施策で新規顧客を開拓する

物語編

次に続く戦略 ―資金調達とタイアップ― 132

我らの広告代理店、誕生 ―設立直後の大苦戦― 135

ポイントシステムで大失敗 ―どう使えばいいのか分からない― 137

パートナーシップで価値を高める ―シナジー効果― 140

企業同士のタッグで地元経済を活性化 ―ドゲンジャーズ経済圏樹立へ― 144

解説編

IP活用がさらなるメリットを生む 146

当初のポイント制の狙いと効果 149

ローカルヒーローのスポンサーは一般的な代理店では扱えない 154
定石の逆を行くプロダクトプレイスメント 156
スポンサーからパートナーへ、ヒーローとともに歩む 158
企業ヒーローの役割は究極のブランディング 163

第4話

誰もが楽しめるエンタメこそ自社を支える最強の武器

ヒーローマーケティングは企業に無限の可能性をもたらす

物語編

「変わり続けることをやめない」哲学 ―5代目経営者の覚悟― 166
地域を味方に信頼を築く ―ドゲンジャーズが教えてくれたこと― 169
ローカルヒーローからの脱却 ―地図を広げ全国へ― 171
エンタメこそが最強の武器になる 172

スペシャル対談
オーガマンVSシャベリーマン 176
おわりに 190

オープニング

絶体絶命!?
モノが売れない時代

ヒーローマーケティングが
会社のピンチを救う

熱いぜ、ヒーローショー ―警察も出動する騒動に―

2020年6月21日――福岡市の遊園地・西鉄香椎花園（略称：かしいかえん）には大勢の親子連れが押しかけ、交通整理のために警察官まで出動する事態となっていました。

園内のステージには子どもたちとその親が詰めかけ、今か今かと開演の時を待っています。そして勇壮なテーマ曲が流れるなか、大歓声が沸き起こり、ステージ上に登場したのは、九州のローカルヒーローたち、「ドゲンジャーズ」の面々です。

そしてメタリックスーツに身を包んだヒーローの登場に、子どもたちの声援がひときわ高まりました。ドゲンジャーズのメンバーの一人、「薬剤戦師オーガマン」が敵をなぎ倒し、ピタリと決めポーズをとりました。歓声がさらにヒートアップし、舞台袖からその様子を見守っていた私は、感動のあまり思わず涙がこぼれそうになりました。

オープニング

絶体絶命!? モノが売れない時代
ヒーローマーケティングが会社のピンチを救う

「ドゲンジャーズ」とは、九州の中小企業数社が生み出したオリジナルヒーローキャラクターのグループ名です。彼らが出演する特撮テレビ番組『DOGENGERS（ドゲンジャーズ）』も毎週放映されており、この日、番組とタイアップしたヒーローショーが開催されたのです。

私が演じる「薬剤戦師オーガマン」もこの番組に出演するヒーローの一人です。ただし、私はプロのスーツアクターでもなんでもない、ただの薬局グループの経営者で、この自社のオリジナルヒーローを自ら演じています。

今回のショーでは裏方に回っていた私は、ステージ裏の楽屋で関係者と話しながらも観客が集まってくれるか不安な気持ちで、ドキドキしながら開演の時を待っていました。

「お客さん、いっぱい来てくれますかね。来なかったらどうしましょう」

相棒のプロデューサー、笹井さんが心配そうに声を掛けてきます。

「大丈夫だよ……たぶん」

私は自分自身に言い聞かせるように、そう呟《つぶや》いていました。そこにスタッフの一人が首を捻《ひね》りながら入ってきました。

「たいへんですよ！　なんかめっちゃ人が並んでて、警察まで来てるみたいで」

話によると、どうも駐車場付近に人が殺到していて、警察が交通整理に出動したというのです。このとき、まさか自分たちのヒーローショーのためにそんな騒ぎになっていたとは夢にも思いませんでした。

「あれじゃないの？　ほら、シルバニアファミリー。イベントやってるでしょ」

「あ、そうですよね。俺らのお客のわけないですよね、ハハハ」

自虐的な思いを抱きながらも、私は関係者に挨拶したりスタッフと準備を進めたりしていました。

ところが開始時刻が近づくにつれて、楽屋にまで人のざわめきが聞こえるようになり、「これはおかしいぞ」と私と笹井さんは舞台袖からそっと観客席をのぞいてみました。

――その瞬間、私たちは言葉をなくしました。なんと会場入口のゲート前には、開演を待つ大勢の人々が列をなしていたのです。やがてゲートが開くと行列していた観客たちは我先にと会場に駆け込み、場所取りを始めます。すぐに会場のテント座席はいっぱいになり、テントの外の芝生広場まで立ち見の観客で埋め尽くされました。大勢の子どもたちがヒーローたちに会いたい一心で親とともに会場に駆けつけてくれたのです。

開演の時を迎えると、わーっ、と子どもたちの歓声が上がります。その声援を受けてオーガマンがステージに飛び出し、大勢の観客を前にヒーローショーは始まりました。敵と戦うオーガマンの勇姿を見ながら、私は子どもたちとともに心の中で声援を送っていました。

そしてショーが終わったあとも、グッズコーナーには長蛇の列ができていました。その光景を舞台袖から見た私と笹井さんは、二人とも涙が止まりませんでした。そして固い握手を交わしたのです。

周囲の猛反対を押し切ってまで、ヒーローをつくってよかったと、改めて実感した瞬間でした。

地方ドラッグストアの危機
―全国チェーンの襲来―

念願の自社のオリジナルヒーロー誕生までは、さまざまな紆余曲折《うよきょくせつ》がありました。

会社も赤字目前の危機を乗り越え、そこからの復活を果たしてきました。

私が地元福岡に戻って大賀薬局に入社した２００９年は、前の年に起きたリーマンショック後の世界的な経済不況の影響で、日本全体でも消費の低迷や物が売れにくい状況が続いていました。

全国的に経済活動が低迷して企業の業績が悪化し、失業率も上昇するなかで、多くの消費者は支出を控えるようになりました。その結果、物の売れ行きが鈍り、特に高額商品や贅沢品《ぜいたくひん》の売れ行きが厳しい状況となりました。

そうした状況のなかで、私は父のあとを継いで大賀薬局の5代目社長となるために商社を退職して仙台から帰ってきました。父は１９９３年に大病を患い、それでも20年間なんとか経営を続けてきましたが、経営状況の悪化に立ち向かう体力はほとんど残っていませんでした。

会社は福岡で老舗薬局としてスタートした中堅企業です。父がドラッグストア事業を展開して店舗を拡大し、地元ではそれなりに知られていました。しかし、父が会社を大きく成長させた事業の象徴であるドラッグストアは、大手チェーンの進出に押され、客足が遠のいていました。

大賀薬局のルーツは１９０２（明治35）年に曾祖父が創業した商店です。昭和になると調剤薬局として基盤を確立、それを4代目の父が1985年に当時アメリカで普及していたドラッグストアを参考に、いち早く九州の地に展開しました。それまで展開していた調剤薬局や雑貨店など小さな店舗のドラッグストア化から始まり、1990年には九州初の大規模ドラッグストアの開設を実現しました。160坪を超える売り場に駐車場を備えた店舗は当時非常に目新しく、店は客で賑《にぎ》わって大きな売上を上げることができました。父はその後も郊外型の大型ドラッグストアを次々と出店し、大賀薬局を成長させていきました。

しかし、2000年に大店法（大規模小売店舗における小売業の事業活動の調整に関する法律：大規模小売店舗法）が廃止されたことで状況は一変し、国内外の巨大資本が日本全国の郊外に巨大店舗を出店しやすくなりました。トイザらスの日本進出やイオンの巨大ショッピングモールの建設が行われたのはこの大店法廃止がきっかけです。

最大の脅威となったのは、2001年に全国チェーンのマツモトキヨシが福岡に出店してきたことです。さらに宮崎発祥で大型ドラッグストアを展開するコスモスも福岡に出店後、本社を福岡に移して攻勢を仕掛けてきました。これにより、福岡のローカルチェーンである大賀薬局は、全国チェーンの巨大資本を相手にシェアを奪い合うことに

図1　個人消費（家計最終消費支出）の推移

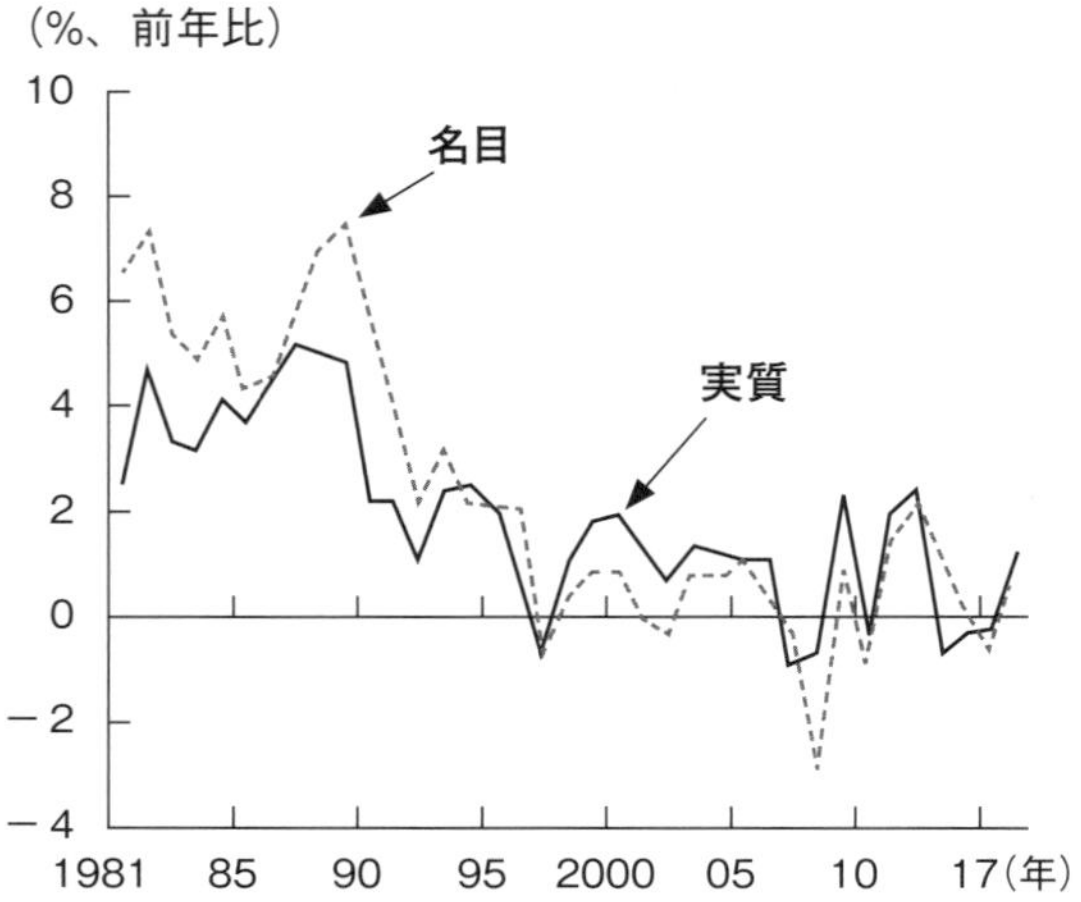

内閣府資料「国民経済計算」

なり、売上が減少しました。

さらに消費者のニーズの変化が経営にも悪影響を与えました。景気の低迷に伴い、高級品や贅沢品の売上は低迷し、また生活必需品や日用雑貨に関しても少しでも価格の安いものが求められるようになりました。内閣府の統計によれば、個人消費はバブル期の1980年代初頭から2000年代前後にかけて全体的に減少しています（図1）。

ドラッグストアでも比較的高価格の化粧品の売れ行きが落ち込み、手頃な価格の化粧品プチプラ（プチプライス）コスメブームが到来します。

その結果、売上の低下に拍車がかかる事態となりました。

ドラッグストアは薬よりも化粧品の売上に依存しています。売上は前年比90％まで落ち込み、大賀薬局のドラッグストア事業は非常に苦しい状況に置かれました。そんななかで私は地元に戻ったのです。

チャレンジを忘れた老舗薬局
―5代目経営者としての苦悩―

当時の大賀薬局の経営状況は、このまま現状維持を続けていては成り立たなくなることは明らかでした。ドラッグストア事業のみで見ればすでに赤字でした。

父が病を押して経営していた1990年から2010年頃までの20年間、大賀薬局はチャレンジとなる投資をほぼ実施せずに経営を行っていました。病気の影響で脳に疾患を抱えていた父は、自身の判断能力が低下したことを伏せており、実質的な経営は部下の社員たちの手で支えられていました。そのため経営方針も大きなチャレンジをせず、これまでの父の路線を守るものでした。

しかし企業にとって新たな可能性にチャレンジしないことは衰退を意味します。多くの規制によって既存勢力が守られていた時代から、数々の規制緩和が進んだ2000年以降は経営環境の厳しさは段違いになりました。

父は、現場を覚えさせようと考え、私を後継者扱いせず一社員として入社させていました。入社したばかりの平社員に、会社を改革する権限も実力もありません。配属されたドラッグストアでレジ打ちや接客をしながら何が問題か、どうすれば解決できるかをひたすら模索していました。

入社して2年後にはようやく既存の郊外店のドラッグストアの店長に任命されました。その店舗は住宅地から遠く、一見売上を上げることは困難な環境でした。それでも同業他社のレイアウトや商品構成なども参考にしながら、商品の棚割りやレジの配置を変更するなど店内のレイアウトから手をつけて客が買いたくなるような配置と品ぞろえを目指しました。さらに集客のために駐車場で縁日のようなイベントを行うなどして、なんとか店に客を呼ぼうとさまざまな施策を行いました。

こうした努力の結果、店舗の客単価は高くなり、前年比110％の売上を達成することができました。この小さな成功は私に自信を与えてくれました。

２０１１年に私がドラッグストア事業の事業部長になる頃には、状況はさらに悪化しており、会社全体で危機感が共有されるようになりました。全社員で顧客目線の店舗のレイアウトや商品の棚割りを考えたり、ポイントカードの仕組みの見直しなどアイデアを出し合い、改善していきました。しかし依然としてドラッグストア業界の競争は激しく、目覚ましい成果は得られませんでした。

薬剤師が奪われる ―調剤薬局の危機―

当時、調剤薬局事業は目立って売上が良いわけではありませんでしたが、確実に安定した収益を上げていました。調剤薬局事業で黒字を出し、なんとか会社を支えているような状態でした。

しかし、その調剤薬局の根幹を支える薬剤師の確保にも深刻な問題が起こっていました。全国に大型ドラッグストアが増加したことで、薬剤師は慢性的な人手不足状態に陥ったのです。大手資本が多店舗展開を行ううえで薬剤師の確保は優先度が高いテーマです。このため好待遇を条件とした人材獲得競争が常に発生しており、薬剤師の引き抜きが頻発しました。待遇のよいところへと転職するのは当然のことです。ひどい時には1年間で50人もの薬剤師が退職するなど、大きな危機を迎えていました。

こうした先行きの見えない状況で、2014年、私は調剤薬局事業の部長に任命されました。調剤薬局運営の核となるのは薬剤師の確保ですが、薬剤師の不足はドラッグストア事業よりもはるかに深刻でした。

ドラッグストアの薬剤師は、勤務時間が長く販売する商品も幅広いため、大規模店舗出店の核となるポジションとして認められ、給与が高い傾向があります。しかしチェーン店の正社員として入店した場合は、店舗間の異動があるというデメリットもあります。

一方、調剤薬局の薬剤師は業務内容や勤務地が決まっており、安定して働けるというメリットがあります。しかしその反面、給与がドラッグストアと比較して低い傾向にあります。そのため調剤薬局で働いている薬剤師たちが他社のドラッグストアに流出していることが一般的でした。病院の敷地内という恵まれた立地への出店を打診されたものの、現場に必要な2人の薬剤師を確保することもできないほどだったのです。当時、調剤部門は本来必要な人員よりも何十人も薬剤師が不足した状態で運営されており、既存の薬剤師の不満も高まっていました。

当時の大賀薬局では薬剤師の人材不足に陥ったのは、薬剤師のモチベーションが低下していたからです。薬剤師は表立って認められることの少ない仕事です。診察や治療を行う医師と比較して、患者との接触は非常に限られたものです。患者からは薬剤師が調剤室の中で何をしているかが分かりづらく、処方箋の薬を用意しているだけだと思われがちです。そのため患者からも軽視され、やりがいが感じられない状況でした。

調剤薬局の事業部長としてなんとか目の前の人手不足を解消しなければなりません。採用を最優先課題として大学や薬剤師の予備校に頻繁に足を運んで採用活動をしつつ、知り合いの薬剤師に声をかけて回りました。その結果、1年で80人の新卒・中途採用の薬剤師を確保することができ、一時的に人員不足を解消することができました。

門前薬局を拡大する ――薬局の原点――

その後、新卒の採用ルールの仕組みを作るとともに、経営理念や組織運営についての研修を実施するなどして組織強化に力を入れました。それが功を奏したのか、離職も減り、調剤薬局事業は新規出店を積極的にできる基盤が整いました。

医療業界や薬剤師の間では「門前薬局」という言葉をよく聞きます。これは病院やクリニックのすぐ近くにある調剤薬局を指す言葉です。調剤薬局の運営に医療機関の存在は欠かせません。このため、調剤薬局の新規出店には医療機関との関係が重要になります。大賀薬局は長年地域の医療機関と組んで調剤薬局チェーンを営んできた歴史があり、この点には非常に強みがありました。このため、人員さえ確保できれば比較的新規出店がしやすい環境があったのです。

そこで私は店舗開発部という専門部署を立ち上げ、病院の門前立地の確保やクリニックの新規開業支援を積極的に始めました。その結果、ドクターの間でクリニックの新規開業支援の実績が広まり、口コミや紹介の輪が広がっていきました。毎年7～8軒のペースで新規出店ができるようになっていったのです。

調剤薬局1店舗の売上は、ドラッグストア1店舗と比較すると半分以下です。しかし赤字になりにくい手堅い事業です。私は次第に大賀薬局を好転させるのはこの調剤薬局事業なのではないかと感じ始めていました。

いつかヒーローになりたい
―改革の柱を求めて―

会社の未来を切り拓く糸口がかすかに見えてきたところで、私のなかでは「もっと爆発的に会社を変えたい。薬剤師や消費者の心をつかんで離さない何かがほしい」という願望が高まってきました。しかし、そんな魅力的な何かはすぐに見つかるはずはありません。悶々《もんもん》と考えていると、私の脳裏には魅力的なものの象徴として子どもの頃に憧れた正義のヒーローの姿がちらつくようになりました。

私は子どもの頃、多くの男の子と同じように正義のヒーローに夢中でした。ウルトラマンや戦隊もののなどたくさんのヒーローのなかで、特に私が熱狂したのは仮面ライダーシリーズでした。当時5歳だった私は、おもちゃの変身ベルトを親にねだって買ってもらい、母の手作りのマスク（というかお面）をつけて友人たちと何度もヒーローごっこをしたものです。「ヒーローになればとんでもない力が手に入って、人々を格好よく助けることができる。僕もヒーローになりたい」と子ども心に本気で思っていました。

しかし当然のごとく、成長するにつれヒーローごっこからは卒業します。ずっと好きだったヒーローに対する想いは記憶の片隅へと追いやられていきました。

ところが東京で大学生活を送っていた私は、母の電話の「今の仮面ライダーが面白いけん、観たほうがいいよ」という一言がきっかけで、何気なく見始めたところ、ハマってしまいました。子ども向けの変身ヒーローなのに大人も心を揺さぶられる人間ドラマが描かれていて、いつの間にかＤＶＤをレンタルして夢中になって観ているうちに、ヒーローに対する熱い想いが蘇《よみがえ》ってきました。

会社の危機を救うために起爆剤となる策を探し続けていた私は、「もしかしたら薬剤師や消費者の心を夢中にさせるのはヒーローなのではないか」と思いつきました。ちょうど当時放映していた仮面ライダーシリーズの主人公も医師でした。そこに着想を得て、薬剤師をヒーローにするアイデアがひらめきました。よくよく考えてみれば、特撮ヒーローの主人公に薬剤師が選ばれた例は聞いたことがありません。「薬剤師のヒーローをつくろう！」と考えた私は、なんとかこれを実現しようと考え続けました。そして日々ヒーローのデザインを思い浮かべ、デザインを描き起こしヒーローづくりに着手しました。

ヒーローマーケティングが会社を救う!?　―小さな野望―

同族企業の後継ぎが会社の未来を切り拓くためにヒーローの制作を計画する、という言葉だけ切り取れば、およそ正気の沙汰とは思えません。あるいは創業家の息子が権力を笠《かさ》に着てわがままを押し通そうとしていると見られるのが当たり前です。

しかし私にはそれなりの勝算がありました。大学時代に再び仮面ライダーに夢中になってから、私は特撮ヒーローのビジネスモデルや特性を調べ、ヒーローによるキャラクタービジネスについて考え続けていたのです。

仮面ライダーや戦隊シリーズのように、途切れることなく継続していくテレビ番組を軸として展開する、東映などの大手企業の戦略はビジネスモデルとして非常に優れています。ソフト自体のパッケージ化や配信、海外セールスなどに加えて、おもちゃをはじめ、幅広い世代へのグッズの展開によってライセンス収入を得るというビジネスモデルは、長期にわたって練り上げられ、実行されてきた大手ならではの戦略といえます。

大賀薬局がそうした強力なキャラクターとタイアップし、ヒーローの力を借りることは確かにできます。そのライセンスの許諾を得て費用を払い、ヒーローの写真やコスチュームを使って従業員のモチベーションを上げ、集客を狙えばいいのです。

しかし、仮面ライダーのような著名キャラクターのライセンスは非常に高額であるうえ、従業員にとってはなぜそのヒーローに自分が関わらなければならないのか理由づけがなく、モチベーションの上げようがありません。顧客にとっても、大賀薬局のイメージキャラクターに仮面ライダーが使われていても「ああ、有名なヒーローを使っているんだな」程度にしか思われません。子どもの興味を惹《ひ》けたとしてもそれ以上に広がることはなく、逆に同じキャラクターを起用した数多くの商品と競わなければなりません。

一方、オリジナルヒーローであれば制作費はかかるものの、その額は著名キャラクターのライセンス費用ほど高額にはなりません。また、自社でオリジナルの設定を施すことができれば、従業員や顧客と企業との接点としてぴったりな設定ができます。加えて、自社でヒーローを制作すればそのキャラクターはIP（Intellectual Property：知的財産）となり、将来的に企業に利益をもたらす可能性が生まれるのです。

著名ヒーローのキャラクターを使用することで発生するライセンス費用はコスト（費用）ですが、オリジナルヒーローの制作で発生する費用はインベスト（投資）として考えられます。もちろん、これは机上の理想的判断で、現実的に考えれば実現は生易しいものではありません。

ヒーローを生み出し、それが多くの人に支持されることは並大抵のことではありません。仮面ライダーシリーズも昭和・平成の時代に何度も中断しています。それだけ人気を集めることは難しいのです。

企業や地域、個人がオリジナルヒーローを制作する実例は多々ありますが、そのレベルは低いものが多く、低予算で制作された手作り衣装や市販のコスプレ衣装を身にまとって、「〇〇マン」「〇〇レンジャー」というたすきを着けているというものが大半です。ローカル誌に取り上げられる程度の話題にはなっても、子どもをはじめとする多くの人が憧れ、企業のサービスや商品、地域に人を惹きつけるものにはなっていませんでした。

しかし、なかには成功を収めたものもあります。2005年に秋田県の地域活性化のために制作された「超神ネイガー」は、本格的にデザイン・制作されたコスチュームで、子どもたちが文句なく「格好いい」と思えるものでした。加えて、キャラクターのつくり込みは、秋田の特徴をふんだんに取り入れ、当初はショーで人気を博し、その後テレビシリーズも放映されました。

さらにこの成功を受けて、沖縄県では「琉神マブヤー」も制作され、こちらもネイガーと同様全国的な人気を博すヒーローとなりました。

これらのご当地ヒーローの成功は、本格的なデザインや設定など大手資本に匹敵するレベルにまで引き上げれば、オリジナルで制作したヒーローであっても成功することを証明していました。だからこそ私は、ヒーローマーケティングに勝機があると確信していたのです。

第1話

オーガマン誕生!

独創的なヒーローで競合他社との差別化を図る

注目を集めるために必要なのは
特撮ヒーローを超えるクオリティ

人との出会いが新たなビジネスを生む

―ヒーロー志望の変人―

私が企業活動としてヒーローをつくりたいと考えたのは、もともと起業家の精神を持っていたことが背景にあります。私は創業家の長男として生まれましたが、入社する数年前までは地元に帰って家を継ぐつもりではなく、自分自身で起業をしてビジネスを成功させたいと考えていました。

そのため商社に就職して商社で物の売買やビジネスの立ち上げ、出資企業の業績改善を行うなどビジネスマンとして必要な経験を積みました。そのなかで人とのつながりが新しいビジネスチャンスを生むことを実感しました。さらに、新しいことにチャレンジすることこそがビジネスの本質だと学んだのです。

また、父に請われて九州に戻り、大賀薬局に入社したあとも、このアントレプレナーの精神は持ち続けていました。当時は保守的な経営を行っていたため、「大賀薬局のヒーローをつくる」と言えば経営陣から反対されることは容易に想像ができました。

しかし、私はこの反対を押し切ってでも新しいアイデアを実現し、会社を変えることが必要だと考えていました。祖母・昌子がノートに書き留めた祖父の言葉にも「企業にとって現状維持は後退でしかない」とありました。まさに後退していた大賀薬局にとってヒーローを活用したブランディングという「新しい」アイデアは実行すべき価値があるものと考えたのです。

とはいえ、ヒーローをブランディングで活用するには、ヒーローを制作するノウハウが必要です。私のアイデアを実行に移すためには自身だけでは力不足だったため、最初はとにかく会う人会う人に「俺、ヒーローになりたいんだよね」と言って回っていました。

ただ相手の反応は、呆《あき》れるか、鼻で笑うか、無反応でした。それでもめげることなく、会う人ごとに私の思いをぶつけ続けていました。

オーガマン誕生秘話

―伝説の始まり―

大賀薬局のヒーローをつくるというアイデアが実際に企画として動き出したのは、2017年のことです。中学・高校時代の同級生から飲み会で剣道部の後輩を紹介されたのです。その後輩は怪人のマスクを被って飲み会の会場に現れて、こう言いました。

「はじめまして！　株式会社『悪の秘密結社』の笹井と申します。よろしくお願いします！」

「悪の秘密結社？　何をする会社なんですか？」

「怪人業務のアウトソースを請け負う会社です！」

突拍子もない話に私は驚くやら呆れるやらでしたが、俄然この後輩に興味を持ちました。この悪の秘密結社の創業者であり社長の笹井浩生さんは非常にユニークなビジネスを考えた人でした。ヒーローショーでのアルバイトをきっかけにその魅力に取り憑かれた笹井さんは、時計店や広告代理店で働きながらも夢を捨てきれず、ヒーローショーの会社を立ち上げました。会社を設立するにあたり強みを模索するなかで、悪役の派遣に需要があることに気づき、怪人を派遣することを事業の柱としたのです。

笹井さんが会社を設立した２０１６年当時は、秋田県のローカルヒーロー超神ネイガーが誕生してから10年が経過し、全国にご当地ヒーローが数多く誕生していました。このため、ヒーローショーの相手役となる怪人が引く手あまたな状態でした。

大賀薬局のヒーローをつくりたいと考えていた私は、この出会いに運命的なものを感じ、薬剤師のヒーローをつくりたいこと、それまでに考えていたヒーローの造形、大賀薬局の抱える問題点などを笹井さんに話しました。笹井さんもたいへん楽しそうに話を聞いてくれたため、その日の飲み会は大いに盛り上がったものになりました。

しかし、話は飲み会が盛り上がっただけでは終わりませんでした。翌日、笹井さんが会社にやって来て、笑顔でこう言ったのです。

「薬剤師のヒーロー、私に手伝わせてください！」

私はもちろんこう答えました。

「よし、やりましょう！」

しかしこの出会いが、その後の数々の苦難の始まりとなることを、私も笹井さんも知るよしもありませんでした。

デザインだけは絶対に手を抜かない

西南学院中学高校（出身校）の学閥によって動きだした、たった二人のヒーロープロジェクトの最初の議題はヒーローのビジュアルでした。笹井さんとまず確認したのは、「デザインと造形だけは絶対に手を抜かない」ということでした。しっかりデザイン案を検討し、予算をかけてコスチュームを制作することにしたのです。

私は全国のご当地ヒーローを見るなかで、人気の有無を決める大きな要因となるのは、ヒーローコスチュームの作り込みだと考えていました。大人であれば予算などの事情は理解できますし、多少のゆるいキャラクターでもそれなりに面白く見ることができますが、子どもはそうはいきません。東映の特撮ヒーローと大賀薬局のヒーローを比較した場合に、明らかに劣った見た目であれば憧れは半減してしまいます。

これは笹井さんも同様で、過去の経験から作り込みの甘いヒーローは観客の受けが悪いことを実感していました。笹井さんは悪の秘密結社を起業する前にも、時計店で「ウォッチマン」というヒーローを段ボールで作って被ったり、代理店のイベントや結婚式でも手作りの衣装でヒーローショーを行ったりしていました。しかし、程々には受けるもののファンを獲得するほどのショーではありませんでした。

そこで、笹井さんは起業後に半年かけて造形をしっかりつくり込んだ高クオリティの怪人を制作し、怪人と戦えることを会社のセールスポイントとしました。最初に制作した「ヤバイ仮面」は東映の特撮番組に登場する怪人にも引けをとらないクオリティです。

こうして、私たちはヒーロースーツ制作には３４０万円ほどの予算を見込んでデザインを進めていくことにしました。一企業のヒーローのヒーロースーツ制作費としてこれが高いと感じるか安いと感じるかは人それぞれだと思いますが、少なくとも子どもや特撮ファンが納得するヒーロースーツを制作するにはこの程度の金額が必要だということです。

制作工程としては、悪の秘密結社のデザイナーにこちらの希望やコンセプトを伝え、当初考えていたデザインラフなどを渡してコミュニケーションをしていきました。笹井さんやデザイナーからは、実際にヒーローショーを行っている経験から、アクションをしやすくするために必要な変更や、コスチュームをより洗練されたものにするためのアドバイスがあり、デザイン案は固まっていきました。

相談するなかで笹井さんが特にこだわったのは、ヒーローの表情づくりでした。ヒーローショーなどの活動を充実させるためには、ヒーローはさまざまな表情をできるようにしたほうがいいのです。これは確かに、実際にヒーローショーを経験して感じたのですが、身振り手振りだけでヒーローの喜怒哀楽を表現する場合に比べ、顔の変化がある場合は圧倒的に観客に伝わりやすくなります。

加えて、今回のヒーローは私自身が変身する前提だったため、そのパーソナリティーも活かしていこうという話になりました。経営者のヒーローなので、威厳を醸し出すためにボディは非常に骨太な筋肉質なタイプです。ショーで動くときにはデンと構えてゆったり動き、声を出すときは低めの声にするようアドバイスされました。こうして大賀薬局のヒーロー像は具体的に形づくられていったのです。

パーソナリティーと企業ビジョンの調和

―薬飲んで、寝ろ。―

コスチュームデザインに先駆けて笹井さんと話し合ったのは「オーガマンはなんのために戦っているか」という点です。薬剤師のヒーローとしての大義はどこにあるのか、オーガマンにとっての正義とは何かという核の部分でした。

薬剤師は日々何と戦っているのか、薬剤師という職ができたのはなんのためかと考えるうちに、私の頭に浮かんできたのは祖母が調剤薬局の出店を推進した際のエピソードです。祖母は現在ほど医薬分業が進んでいない時代に薬剤師として医師を説得し、院内処方から調剤薬局での処方へとを改革を進めた人物でした。

祖母が調剤薬局を出店しようとした１９６０年当時は、医師から投薬指示があった薬は病院内で処方されることが一般的でした。医師は医学の専門家であるため、自身が専門とする病気やけがに対する薬の効果については熟知しています。一方で、患者が同時にほかの病気を患い、別の診療科も受診している場合、それぞれに処方された薬の相互作用や分量のバランスについては薬剤師ほど詳しくはありません。患者の健康を守るためには、医師が診察を行い、薬剤師が独立した環境で患者の服薬状況をチェックする体制が必要だったのです。

また、明治時代には「薬九層倍《くすりくそうばい》」という「薬は原価の9倍となって売られる」という言葉があったほど、薬は利益が高い商品でした。このため、医院経営の収益として大きな柱である院内処方を手放したくない医師は多かったのです。さらに、院内処方が行われ、薬の利益が高い状態であると、医師は患者に薬を多く出しがちになります。今でも高齢者のなかには「医者は患者を薬漬けにする」という人がいますが、これは昭和の時代の院内処方での悪評の名残だと考えられます。

しかし、社会正義に適《かな》った祖母の姿勢は徐々に医師に支持されていき、10年間で6店舗もの調剤薬局を開業しました。院内処方が一般的だった時代には驚異的なことです。

私はこれこそヒーローにふさわしい姿だと感じました。そこで、薬剤師は過剰な投薬を防ぎ、患者の健康を守る役割を担っているのだから、薬剤師のヒーローが戦う大義は「薬を減らすこと」だと決めました。「薬を減らすこと」を大義としても、医薬分業が普及した今では、昔の院外処方を訴えても多くの人はピンと来ないはずです。このため、具体的な訴えのポイントして現代的なテーマである医療費削減を選びました。

近年は高齢化の影響により国の医療費の増大が財政的な問題となっています。子どもたちの明るい将来をつくるためには、医療従事者や患者一人ひとりが取り組まなくてはならない社会的課題です。医療費には当然薬代も含まれますが、症状が改善した時点で飲むことをやめるなどして薬を残してしまう人が大半です。これは「残薬問題」と呼ばれ、薬が適切に使用されていないことや無駄な医療費が使われていることとして大きな問題となっています。飲まずに処分される薬の総額は年間1000億円以上にものぼるといわれているのです。

また、患者の判断により薬を飲むことをやめてしまうと、十分な治療効果が得られないことがあります。治療が十分でないまま薬をやめて再度症状が悪化すると、再度薬が処方される悪循環に陥ってしまうのです。

身近な問題である薬の飲み残しをなくせば、子どもたちの将来のために国の財源を豊かに保つこと、子どもから大人まで全世代の健康を守ることにつながります。これぞ大賀薬局のヒーローにふさわしい取り組みだと思えました。そして、ヒーローが子どもたちが集まる施設を回り、この残薬問題を解消するために啓発活動をする「薬育《やくいく》」をすればいいのではないかと、次々にアイデアが浮かんできました。子どもに啓発活動をすれば、彼ら彼女らは親や祖父母への強力なインフルエンサーになってくれるはずです。

子どもたちに効果的に残薬問題を伝えるには、何か格好いい決め台詞が必要です。子どもにも分かりやすい薬にまつわる台詞は、風邪をひいたときにいわれる「薬を飲んで、早く寝なさい」です。これをヒーローが言うとしたら、どんな言い方になるかを考えました。この結果、「薬飲んで、寝ろ。」という決め台詞が浮かんだのです。

大義は祖母のエピソードもありスムーズに決まったのですが、ヒーローの名前は非常に悩みました。当初、薬剤師のヒーローであるので、企業とは関係ない名前をつけたいと考えていたのですが「ファーマン」「ファーマシーマン」と具体的に名前を挙げていってもピンと来ません。結果として、大賀薬局社長の私が変身する大賀薬局のヒーローであり、会社を象徴する存在であることから「オーガマン」が最も分かりやすいだろうという結論になりました。

こうしてヒーローの姿形や造形、背景設定も固まり、いよいよ本格的に動き出す準備が整ったのです。

そして私たちの最初の闘いが始まります……。

最初のピンチは取締役会議にあり

大賀薬局のヒーローである「オーガマン」を世に出すには、必ず通らなければならない関門があります。それは取締役会議です。一族経営とはいえ、大賀薬局は九州でそれなりの規模を誇る薬局チェーンです。一定の予算が必要な案件を実行するには必ず取締役会議で承認されなければなりません。

当時、私は35歳で社長に就任して1年も経っていない頃でした。おそらく役員は経営を引き継いだ若い社長がどんな提案をしてくるかお手並み拝見といったところだったと思います。さすがに大賀薬局のヒーローをつくるという前代未聞のプロジェクトは予想すらしていなかったと思います。

「オーガマンというヒーローをつくり、私が変身します」と提案すると一瞬、場が沈黙し、一息おいてザワザワとし始めました。

私が提案した内容は、大賀薬局のヒーローである「オーガマン」を制作し、ショッピングモールや幼稚園・保育所を回って啓発活動をするというものでした。加えて、知名度を獲得するために公式ホームページやPV（プロモーションビデオ）も制作し、ネット上に公開します。

トータルでの予算は1000万円弱で、内訳はヒーロースーツ制作費が340万円、プロモーションビデオ制作費が180万円、ヒーローショーが1回につき20万円、幼稚園・保育所の訪問が1回につき10万円です。ショーや訪問を続けるたびに予算がかかってしまうので、薬局やショーの会場、幼稚園・保育所へ訪問する際に配布する「やくいく手帳」というお薬手帳を制作し、そこに地元企業の広告を掲載することでショーや訪問の費用を回収できるというモデルでした。

ヒーロー制作にしては非常に低予算なうえ、かつ活動資金をきちんと回収できるモデルではあるのですが、役員にはまったく理解が得られず、猛反発が起きました。

1000万円弱の費用は企業経営において決して安い金額ではありませんが、高額な出費ではありません。店舗の改装に比較しても少額で、父が行った大規模ドラッグストアの展開などと比較すると非常にコンパクトなチャレンジです。日常的に行う出費で同等の金額として地域へのチラシの配布がありますが、役員はチラシの配布は許可できてもヒーロー事業は許可できないとんでもない発案だと判断したのです。

しかし、私はこの１０００万円弱には大きな価値があると考えていました。例えばチラシは配布後しばらく効果は続きますが、ある期間である程度の集客をして終わりのいわば「コスト」です。しかし、大賀薬局のヒーローは一度制作すれば長く活用でき、副次的な効果を得られる見込みが高い「投資」です。前向きな投資をしなければ大賀薬局の将来が危ういと思っていた私は「ご心配に対する仮説を立てることはできますが、正直なところやってみないと分かりません。やらせてください」と力説しました。

するとある役員が「ここでは結論は出せないので検討させてください」と発言しました。なるほどそれもそうだ、と素直に聞いて私は次回の会議を待つことにしました。

ところが数日後、突然メインバンクの担当者が私を訪ねてきました。そして私の提案したヒーロープロジェクトを撤回するよう説得を始めたのです。

企業経営の根幹である融資の決定権を握っている担当者であれば私を説得できると考えた役員が、メインバンクと相談のうえで差し向けてきたのです。やられた、と唇をかむ私に、担当者は「前例がない」「将来が予測できないことには融資はできない」と理路整然と説得してきました。

ここまで来たら、熱意で押し切るしかありません。冷静な判断VS闇雲な熱意の論戦の末、最後には「どうしてもやりたいんです。最悪の場合は自分でなんとかします！」と宣言しました。こちらの強い意思を担当者も理解したのか呆れたのかは分かりませんが、その日はいったん引き揚げていきました。

そして翌月の会議の席で、「社長がそこまで言われるのであれば」と役員たちからしぶしぶ承諾を得ました。とはいえ、彼らが味方になったわけではありません。すっかり保守的になっていた社内は、取締役だけでなく社員の大半がヒーローの制作に否定的な意見を持っていました。

右も左も社内は敵だらけ、というまさに四面楚歌《しめんそか》の状況でヒーロー制作プロジェクトは始まったのです。

ヒーローマーケティングとは何か

大賀薬局独自のヒーローキャラクターによるプロモーション展開を、私は総合的に「ヒーローマーケティング」と名付けています。本来のマーケティングの意味合いとは異なりますが、ヒーローをキーワードとした私独自のコンセプトとして設定しています。

ヒーローマーケティングは、「ヒーローを通じて企業の理念を顧客に伝え、企業と顧客が一体となって社会正義の実現を目指す」ための具体的な戦略となります。社会正義というと漠然としていますが、ここで考える「正義」は消費者や企業、地域にとって良いことは、どれも正義だと定義します。それがオーガマンの場合であれば残薬問題の解消や薬育であり、ほかのローカルヒーローの場合でも、食育や、勇気の発信といった子どもたちの教育につながるものも社会正義と考えます。さらにはヒーローを保有する企業の商品を通じて、快適な生活や豊かな人生を応援することも含まれます。

こうした社会正義のために活動するヒーローという存在の話題性と魅力が、それを支える企業と顧客となる消費者に関係性を生み出し、消費行動へと結びつくビジネスモデルといえます。

オーガマンやドゲンジャーズの活動は、このヒーローマーケティングを具現化した一つの成功例といえます。その原理は既存のモノ同士を掛け合わせることによって、新たな価値を創出するイノベーションです。今回の例でいえば次のような図式が挙げられます。

●オーガマン ↓ 調剤薬局×ヒーロー
●大賀薬局 ↓ 地域×DX×エンタメ
●大賀崇浩 ↓ 社長×ヒーロー
●ドゲンジャーズ ↓ 地域×エンタメ

オーガマンというヒーローを通じて、調剤薬局の存在と残薬問題の解決というテーマを訴えることができます。ただ「薬の飲み残しはダメ！」と言われても聞き流されてしまいます。しかしヒーローという特別な存在が、物語の中で自然に伝えることで、興味を惹かれた消費者の頭の中にインパクトを持って残ることができます。さらに面白いと感じて何度も映像を観てくれれば記憶の中に定着し、「オーガマン」「残薬問題」「大賀薬局」というフレーズが自然と刷り込まれることになります。

また、そのオーガマンを生み出した大賀薬局が、ヒーローショーを通じて薬育を広め、地域に貢献することで認知度と企業イメージも上がり、地域との一体感を生み出します。

私自身がヒーローに変身することで、意外性と話題性、そして社長自ら会社の象徴となって先頭を切って事業を行うという独自性を訴えることもできます。

ヒーローマーケティングの独自性

通常のマーケティングにおいては、メジャーな分析法をもとに新商品の開発が行われますが、ヒーローマーケティングの場合はそのプロセスが違ってきます。

一般的に企業が商品・サービスを考案する際には4P分析などを使って適切な商品（Product）、価格（Price）、流通方法（Place）、販売促進（Promotion）を考えます。

しかし私たちが実際に行ったのはまったく別のプロセスでした。通常はまず顧客層のリサーチから始まるはずですが、私たちがやったことは「ヒーローになりたい」「ヒーローをつくりたい」という極めて個人的な思いから始まっています。そして才能あるパートナーとの出会いによって、具体化が始まりました。

❶コンセプトワーク（Product）

普通の商品開発と異なるのは、開発する対象がヒーローだということです。これはよくあるキャラクターの開発とも違うものです。ヒーローという存在は子ども（特に男児）が憧れるカッコいいものでなければなりません。さらに子どもが納得できる背景となる設定、物語が必要です。

そして最大の特徴は、ヒーローが戦わなければならない存在であり、その行動理念となる大義が明確でなければならない点です。なんのために何と戦うのか、そしてそこに大義があるのかという点がはっきりしないと、感情移入もできませんし応援もできません。

オーガマンの場合は「残薬問題の解消」「薬育」という大義のもとに、薬の飲み残しをする大人を指導し、子どもたちに正しい薬の飲み方を教えます。そして具体的な敵として設定したのがヤバイ仮面という悪役です。この悪役と戦うことでオーガマンの大義の正しさを子どもたちに訴えていくことになります。

これに関連して、このヒーローの大義がキャラクターを生み出す企業の理念と一致することが重要です。調剤薬局の大賀薬局だからこそ、残薬問題の解消という大義に説得力が生まれます。薬局のヒーローが突然「愛と正義と友情」を訴えても子どもたちの心には響きません。特に地域密着型のローカルヒーローは、日常の身近なところに絞って訴えることを忘れてはいけません。

また、ヒーローのネーミングやキャッチコピーに関しても、このコンセプトと企業理念に合致したものを設定します。オーガマンの場合は悩んだ末に、一番分かりやすくシンプルな「大賀薬局だからオーガマン」に落ち着きました。また、「薬飲んで、寝ろ。」というシンプルかつ当たり前のフレーズがキャッチコピーであり、ヒーローの決め台詞となっています。これは覚えやすいほど、子どもたちの心にしっかりと残るので、子どもがまねしやすいフレーズのほうがよいと思います。

❷デザインワーク（Product）

ヒーローのデザインに関しても、このコンセプトを活かし、ヒーローのキャラクターに合致したデザインにすることが大事です。マスクの形状、スーツのシルエット、色、材質、ギミックなども考慮し、ヒーローショーで実際にアクションすることなども想定して可動性も考えたほうがよいと思います。

オーガマンの場合も笹井さんのアドバイスのもと、妥協せずに何度もデザインを修正した結果、私たちも満足でき、子どもたちに喜んでもらえるデザインとなりました。ただ外見がカッコいいだけでなく、コンセプトを反映したデザインに仕上げることが重要です。

❸動画配信（Product＋Place）

オーガマンの場合、ＹｏｕＴｕｂｅでの配信がいわゆる流通経路にあたると思います。動画配信にあたっては笹井さんと悪の秘密結社の全面協力によってＰＶと動画を作成し、自社のホームページから観られるようにして配信を行いました。

この際に強力なアピール材料となったのが、主題歌とＰＶでした。ＣＭ同様、映像と音楽が一体となった場合、視聴者の記憶に残りやすくなります。カッコいいシーンとコミカルなシーンがバランスよく配置されたＰＶの構成と、ノリのいいアップテンポのメロディで、サビの部分で企業名を連呼する主題歌は、インパクトがあるうえに記憶に残りやすいという特徴があります。

主題歌とPVはターゲットとなる視聴者層に応じて、より心に残る内容にすることが大切です。

❹ヒーローショーとイベント（Place＋Promotion）

メインターゲットとなる子どもに直接アピールできるのがヒーローショーやイベントというライブの場です。薬育というテーマを持つオーガマンにとっては、むしろこちらのほうが大切な流通経路となります。ここでも主題歌のインパクトとショーの内容が大きな要素となります。

そのうえで本来の目的である薬育のためのアイテムとして「やくいく手帳」をヒーロー自らが配布します。それによって直接会える身近な存在としてヒーローが子どもたちの心に刻まれます。もちろんこれは一度だけでなく、イベントを繰り返し、活動を継続していくことが必要です。

❺アイテムの開発（Promotion）

通常は商品の発売時に販促グッズなどを配布することがあります。オーガマンの場合、これにあたるのが無料で配布する「やくいく手帳」です。劇中でのオーガマンの武器アイテムでもあり、子どもたちがヒーローになりきってごっこ遊びをするための必須アイテムとなります。また手帳の中には本来の目的である薬育を行う内容が記されており、楽しく学べる教材として活用できるような工夫が施されています。

メジャーなヒーローの変身ベルトやバッジなどの、玩具としても売られている変身アイテムと同様の効果を持つアイテムは、プロモーションにおける大切な要素です。

❻プライスレスな価値（Price）

具体的な商品ではなく、ある意味、存在を生み出すヒーローマーケティングでは価格設定をすることができません。もちろん原価として、コスチュームや主題歌、ＰＶやアイテムの制作費や、イベントやショーの制作費は必要となります。それらを回収するためには宣伝効果やヒーローのプロモーションによって商品の売上がどれだけ上がったかで判断するしかありません。

しかし活用の仕方次第で、原価の何十倍、何百倍に匹敵する効果が表れることもあります。実際にオーガマンの効果で売上も上昇し、また薬剤師や社員の人材確保にもつながっています。これはヒーロー人気と同時に企業の認知度と評価も上がったという、金額に換算できない効果です。ヒーローの開発は商品開発と同時に企業プロモーションとしての一面もあります。目先の利益だけでなく、将来を見据えた長期的な視点で考えることが大切です。

コストか投資か

自社でヒーローをつくろうと考えた場合、どうしても費用対効果を考えてしまうのは無理もないと思います。しかし全国的に有名なヒーローの権利を許諾してもらい、自社商品の宣伝に起用するのはあまり効果的とはいえません。確かに著名なヒーローの販売促進効果は非常に高く、それゆえにライセンス料は高額に設定されています。しかもそれはそのヒーローのプロモーションにはなりますが、ライセンスを取って商品を制作し販売する企業の認知度やイメージの向上にはつながりません。

一方、自社でヒーローを開発した場合、当然初期費用は発生しますが、その後の展開次第でリクープすることも可能ですし、保有したＩＰを有効活用できればそれ以上の収益を見込むことができます。

このとき考えるべきことは、ヒーロー自体の売上ではなく、ヒーローのプロモーションの効果がどれだけ自社商品の売上にフィードバックされたかです。企業理念を反映したヒーローをなぜ開発するのかというと、それは商品の売上や企業の認知度を上げるためです。その効果がきちんと反映されるのであれば、これはコストではなくて投資となります。

子どもたちは未来の顧客

同じく未来に向けての投資となるのが、ヒーローを応援してくれる子どもたちの存在です。ヒーローのファンの中心層は幼児から小学生の子どもです。最近は子ども時代に特撮ヒーローに憧れて成長した大人のファンもある程度のボリュームを占めていますが、あくまでも一部だと考えます。

子育て世帯にとって、いろいろな場面で子どもの意見は非常に大きな決定権を持ちます。例えば、大人は真夏の暑い日に人でごったがえす遊園地よりも、涼しくてのんびりできるリゾートのような施設を好むと思います。しかし、子どもが「遊園地に行きたい！」と言えば無理をしてでも子どもに従うことが多いのです。多少費用がかかろうが、自分が疲れようが子どもの笑顔のためならそちらを選ぶと思います。このことから、私は子どもが「大賀薬局に行きたい！」と言うようになれば、親や祖父母世代の行動を強力に変えることができるのではないかと考えました。

実はこの手法は大手ファストフードチェーンなどで、子ども向けの本や玩具をつけたセットメニューを販売し、親子連れの顧客を取り込もうとする戦略と同じです。これは資本力のある大規模な飲食チェーンでなければ赤字になってしまいますが、それでも子どもを取り込むことで親が自社の店舗を選ぶようになるからです。さらに自社商品の味と幸福感を子どもの記憶に刷り込むことで、大人になってからも自社と商品に好意的な感情を抱いてもらうことを狙っています。

こうした子どもをターゲットにした戦略は、親世代の顧客の行動を変え、なおかつ子どもが成長したあとにも顧客として足を運んでもらうという、企業にとって非常に良い影響を及ぼします。福岡の地で代々ビジネスを続けていかなければならない大賀薬局のようなローカル企業にとって非常に魅力的な戦略であるといえるのです。

低予算でもヒーローは制作できる

ローカル企業のヒーローは、実は本格的なものでも低予算で制作することが可能です。ヒーローコスチュームの制作はヒーローへの憧れを誘引する根幹的なものであるため、どうしても数百万円が必要となってしまいますが、ＰＶの撮影・編集は２００万円程度でも実現が可能です。

オーガマンのスーツは大賀薬局の社長である私がポケットマネーで開発したという「設定」になっていますが、実際にヒーロー事業は経営者のポケットマネーで始められる程度の予算感でスタートすることが可能です。

最初から費用をかけすぎないことは重要です。企業がオリジナルヒーローをつくるという試みは、どうしても賛同を得られにくいものです。私が取締役だけでなくメインバンクの担当者から反対を受けたように、保守的な企業であればあるほど反対される可能性は高くなります。そのため、ある程度のクオリティを維持しつつ、経営者の独断と押し切りで始められる程度の予算であることが肝心なのです。

もちろん、PV制作をプロの映像制作会社に丸投げすれば、とても200万円で収まるはずがありません。今回はさまざまな工夫で予算をやりくりし、非常に節約して制作しています。

脚本・演出・殺陣は悪の秘密結社の笹井さんが担当し、撮影場所は大賀薬局の店舗と地域の公園、使用料一日1万円の古民家ギャラリーを使っていますし、出演者は社員やその家族をはじめとするエキストラです。ちなみに、オーガマン登場時の背景となる爆発シーンは、ほかの映像制作会社の爆破シーン撮影に相乗りさせてもらったので、爆薬費用の30万円のみで済みました。オリジナルのテーマソングの楽曲提供はわずか5万円です。

クリエイター業界には、「面白い企画をしたい、その企画が成功する姿を見たい」という動機で働いている人がたくさんいます。そうした人たちと出会い、企画が面白いことが認められれば、たとえ低予算であろうとも熱意があれば協力を得ることができます。もちろん、最初から安くしてもらおうという足もとを見た態度では誰も協力してくれません。感謝の気持ちを忘れず、真摯な気持ちでお願いすれば、低予算でもヒーローの世界観をつくることは可能なのです。

時にはトップダウンで押し切ることも必要

ヒーロー開発のために必要な金額が1000万円弱であれば、私は反対されてもトップダウンで押し切ることも必要だと思っています。ヒーローをつくるにあたり適切に自社の状況を分析したうえで、そのコンセプトや設定、造形などをきちんと企業の戦略に沿ったものにします。それができるのであれば、チャレンジする価値は十分にあると考えられるからです。

適切に設計されたヒーローの制作に対し、反対意見が「よく分からないものをつくりたくない」「目立ちたくない」「新しいことをしたくない」「理解する気がない」という動機で発せられている場合は、企業として良い状態ではありません。ヒーロー制作による戦略と収益のモデルに適切に反論するならまだしも、表層的なところのみを見て反対する人は、新しいものを理解する気をなくし、チャレンジを避けているからです。

こうした場合には、トップの熱意を示して決断してもよいと私は思っています。反対意見に負けていては、いつまで経ってもヒーローはつくれませんし、変化を起こすことはできません。むしろ、1000万円程度でインパクトのある変化を企業にもたらせるのであれば、安いものではないかと私は思っています。

第2話

ヒーロー見参!

SNSで企業の広告塔になり、ヒーローショーで住民の心をつかむ

メディア戦略と地域戦略で幅広い層の顧客を獲得

ヒーローショーを企画する ―歓声に包まれて―

私が当初活動の柱として考えていたのはヒーローショーでした。オーガマンは残薬問題に取り組むヒーローであるため、薬についての正しい知識を子どもに啓発する「やくいくショー」と銘打ったショーを行って回りたいと考えていたのです。

悪の秘密結社の笹井さんと想定していたのは、薬を飲み忘れたり他人の薬を飲んだりする悪の秘密結社の怪人たちに対し、オーガマンが戦いつつ正しい薬の飲み方を教えるというものでした。そしてショーのあとには「やくいく手帳」を配布し、子どもたちにはやくいく手帳を使うことで正しい薬の飲み方を実践してもらうというものです。

この「やくいく手帳」はいわば仮面ライダーにおける変身ベルトの代替として考え、制作したものです。無料で配布するノベルティであり、オーガマンが表紙を飾るだけでなく、漫画で使い方を説明したり、薬を飲んだら色を塗ったり、一日分を忘れず飲めたらシールを貼ったりする子どもたちに喜んでもらえる仕掛けをふんだんに盛り込みました。

オーガマンのデビュー直後はまだ知名度もそれほどなく、観客が集まるかどうか不安もありました。ところが2019年10月27日にイオンモール福岡で開催したオーガマンのお披露目ヒーローショーでは、なんと約800人の親子が集まってくれました。

会場ではアップテンポのカッコいい主題歌とともにPVが上映され、会場の子どもたちは画面に釘《くぎ》づけです。そしていよいよオーガマンの登場、「薬飲んで、寝ろ。」という決め台詞を放つと、「お〜!!」というどよめきが起こり、続いて会場全体に割れんばかりの拍手が鳴り響きました。

笑顔で拍手を贈ってくれる子どもたちといつまでも鳴り止まない拍手に、私は感動で手が震えるほどでした。子どもたちも喜んでやくいく手帳を受け取り、すぐに中を開いて見たり、親や友達に見せたりと楽しげにしています。こうして私はこの「やくいくショー」が子どもに受け入れられる企画であるという確信をつかんだのです。

テーマ曲とPV撮影 ―エキストラは社員の子どもたち―

オーガマンのお披露目に際し、同時にPVを用意すべきだと提案したのは笹井さんです。彼は悪役として、著名なヒーローや知名度の低いヒーローと戦ってきた経験から、世界観を共有していないヒーローが登場しても、観客を夢中にさせ楽しんでもらうことが難しいと痛感していました。そのため、まずカッコいいPVを見せて観客を盛り上げてからでないと失敗してしまうと考えたのです。

そして完成したPVは、悪の秘密結社の総力を結集した素晴らしい出来栄えでした。実際、お披露目のイベントで上映したときには観客の子どもたちの心を一瞬でつかむことができました。

あとで聞いた話ですが、クリエイター側からすると、このクオリティのものをつくることができたのは、私からのリクエストが少なかったことも大きな一因だったといいます。

笹井さんいわく、映像作品は要望が多ければ多いほど統一性がなくなってしまい、結果的に駄作になりがちだと言います。PVやCMのような短時間の映像をつくる際には、リクエストは外せないポイントを3つまでにとどめるべきで、一つにまとめることができればなおよいということでした。確かに、映像作品をつくるためには多くのスタッフの協力が必要です。スタッフの意思を統一し、良いものをつくるためには、映像に込めるメッセージは一つに絞り込むべきなのです。

また、PV制作に際してはローカルヒーローのテーマソングを数多く制作している三宅英明さんにテーマ曲を作詞・作曲してもらい、歌手のマグマさんに歌唱してもらいました。

ヒーローにとってテーマ曲は世界観を表す非常に重要な役割を果たします。過去にヒーローに夢中になった人は、そのテーマ曲とセットでヒーローを記憶していることも多いと思います。人の記憶に強烈なインパクトを残すには、映像だけでなく分かりやすく覚えやすくカッコいい音楽も必要なのです。

薬剤戦師オーガマン　歌詞

薬「増やす」ではなく「減らす」
食前　食後　残さず飲めば元気！
病気なんか怖くない！
オーガマンよ　ブルーの瞳で
さぁ　子供　守れ　お年寄りも　長生きだ！

大賀薬局！　大賀薬局！　夢を調剤致します
急な　発熱　お肌トラブル　そんな時には迷わずに
大賀薬局まで

「病気」よりも「元気」が良いね！
子供たちは怪我が付きもの
使用法は正しく守れ！
不明点は質問してみよう

〝マイ・ファーマシー〟を目指し進めオーガマン！

大賀薬局！　大賀薬局！　いつもサポート致します
ニーズ寄り添い　未来　守るんだ
今日も明日も明後日も
大賀薬局まで

大賀薬局！　大賀薬局！　夢を調剤致します
真の優しさ　慈愛を胸に
病気も怪我も跳ね除けろ！

大賀薬局！　大賀薬局！　いつもサポート致します
ここはあなたの調剤薬局
家族みんなで真っ直ぐに
大賀薬局まで

大賀薬局！　大賀薬局！

このオーガマンのテーマソング「薬剤戦師オーガマン」をバックミュージックに編集されたPVでは、今日は調子がいいからと食後薬を飲まない高齢者夫婦のもとに現れたオーガマンが「残さず食べる……残さず飲む！」と叫ぶところから始まります。

その後は、調剤薬局で接客をするオーガマン、悪の秘密結社の怪人に襲われている人を助けるために戦うオーガマン、戦いを終えたオーガマンに駆け寄る親子、やくいく手帳を渡すオーガマンとシーンは移り変わります。

そしてまた高齢者夫婦の生活風景に場面が戻ると、そこにやくいく手帳を片手に握りしめた孫が現れ「お薬残さず飲んでね！」と声をかけます。最後はその光景を見て満足そうなオーガマンと残薬問題のメッセージで締めくくられます。

このPVのメッセージは「薬は残さず飲もう」「国が抱える残薬問題を解消しよう」で、そのままストレートに調剤薬局のポスターなどで啓発すると、いかにも説教くさく伝わりにくい内容です。これが勢いのある主題歌と、ヒーローが悪と戦うという要素を入れることで、面白いエンタメとして受け入れられるようになりました。

堅苦しくなりがちな企業からのメッセージをエンタメの力を借りて楽しく受け取ってもらうために、PVは非常に効果的な手段だといえます。また、特撮ヒーローというジャンルは東映や円谷《つぶらや》プロのおかげで多くの人が親しんでいるジャンルであるため、多くの人に安心して受け入れてもらいやすいのです。このことから、ヒーローのPVに企業メッセージを込めることは良い方策だと私は出来上がったPVを観て実感しました。

ちなみに、PVに登場する親子連れは大賀薬局の社員の家族にエキストラで出演してもらいました。子どもたちは初めて目にするヒーローに目を輝かせるとともに、喜んでやくいく手帳を受け取ってくれました。撮影の場面で子どもたちが喜ぶ姿を目にできることは何よりの励みになります。また、オーガマンのファン第1号となってくれた子どもたちの親である社員もオーガマンの味方になってくれました。

会社の大半から反対をされた状態でヒーローの制作を続けることは非常に精神的に負荷がかかります。そんななかで、PV撮影のエキストラなどで協力を求め、社員の子どもも巻き込んだことで、我が子が喜ぶ姿を見た社員たちも私たちのプロジェクトに対して応援してくれるようになりました。このように、企画を前に進めるためには社員を少しずつ巻き込んでいくことも、企業ヒーローをつくるうえでは大事なことだと気づかされたのです。

X公式アカウント設立 ―SNSでバズる―

2019年10月10日、いよいよ完成したPVをYouTubeに公開する日がやってきました。オーガマンは当初X（旧・Twitter）のアカウントは開設しておらず、まずは公式HPにPVのYouTubeを公開して反応を見ることにしました。

すると、公開直後にPVは10万回以上再生され、その後もどんどん再生数は増えていきます。どうやら、Xの有名アカウントにオーガマンの存在が発見され、面白おかしく紹介されて拡散されたようです。すぐに笹井さんから「社長、YouTubeすごいことになってますよ！　Twitterの公式アカウントを開設しましょう」と連絡がありました。

それで翌日すぐに悪の秘密結社に飛んで行って、公式アカウントを作成し、オーガマンとしても発信を始めました。最初の投稿は、オーガマンと「薬飲んで、寝ろ。」のメッセージの画像を貼り付け（図2）、「フリー素材です。用法・用量を守ってご自由にお使

図2　Xにアップしたフリー素材

いください。」というキャプションをつけたものでした。これもまた面白がってもらえたようで、瞬く間に1万リツイートを超えました。

多くのリツイートを集めたことで、結果としてオーガマンデビューのニュースはYahoo!ニュースでもトップで紹介され、普段Xを見ていない人たちにも凄《すさ》まじいスピードで認知されていきました。驚いた取引先から連絡が来ましたし、メディアの取材も多く受けることができました。

企業がオリジナルヒーローをつくった場合の最大のメリットが、この「話題性」です。エンターテインメント寄りの事業をしている企業がオリジナルヒーローをつくっても意外性に乏しく話題にもなりません。

ところが大賀薬局のようにまったく畑違いの、いわゆる〝堅い〟事業を展開している企業がヒーローをつくると意外性があり、「面白いことをしているぞ」とさまざまな人が注目をしてくれます。その注目の先にあるコンテンツは、高クオリティであればあるほど、注目をした人を夢中にさせます。オーガマンの場合は存在を発見しＳＮＳでバズらせてくれたのは有名アカウントではありますが、その後話題が拡大し、人々が面白がってくれたのは高クオリティのヒーロースーツと、低予算でも魅力的につくり上げたＰＶのおかげだったといえます。

テレビで魅せる ―数で勝負のメディア戦略―

私は会社のオリジナルヒーローの存在がＳＮＳで拡散され、たくさんの人がＰＶを視聴し、Ｘの運用も軌道に乗ったことで非常に満足していました。これだけ話題を集めれば、本来の目的の「やくいくショー」や「やくいくプロジェクト」も集客や訪問がしやすくなるだろうと思っていたのです。しかし、ここで笹井さんは思いも寄らないことを言い出しました。

「社長！　テレビ番組をやりましょう！」

笹井さんはオーガマンが話題になった勢いに乗ってテレビ番組を制作して放映すればより大きな話題になり、認知度も上がるというのです。しかし私はすぐにその提案には乗ることはできませんでした。ヒーローというキャラクターを生み出すことと、テレビ番組を制作することは、まったくレベルが違う事業なのです。

確かに、自分がつくり上げたヒーローがテレビで活躍する姿を見るのは、ヒーローファンとしての夢ではあります。ただ、テレビ番組を始めるとなると、まず資金集めの問題があります。YouTubeで公開するPVは180万円でなんとか制作しましたが、テレビで放映するクオリティを考えるとそれでは済まないことは容易に想像できました。

一方の笹井さんは「深夜帯の10分くらいなら、そんなに費用もかからないと思います！」と乗り気です。このとき、実は笹井さんの頭の中にはすでに番組の構想やストーリーがほぼできていました。そこで出てきたアイデアが、ヒーロー大集合というものでした。

第2話

ヒーロー見参！ SNSで企業の広告塔になり、ヒーローショーで住民の心をつかむ
メディア戦略と地域戦略で幅広い層の顧客を獲得

「オーガマン単体でやっても、そんなのほかにいくらもありますから逆にヒットしないと思いますんで、今いるヒーローを集めてやりましょう！」

とんでもないアイデアをぶつけられて私も仰天しました。当時、九州地区だけでも各地で企業や個人が創り出したローカルヒーローが何人もいたのです。

笹井さんの構想は、オーガマンだけでなく九州地域のご当地ヒーローや企業ヒーローを集めて皆で戦う番組を作るというものでした。話題になったとはいえ、デビューして間もないオーガマン単体ではテレビ番組で人気を獲得するには弱いと考えていたのです。

また、世界マーケットでのヒーローコンテンツも、そのときすでにヒーローが集合体で戦う方式へと変遷していました。このモデルで制作された映画では、既存の各ヒーローのファンを一つの作品に取り込みやすく、加えて別のヒーローのファンに新たなヒーローの魅力を伝えることができます。作品としても各ヒーローの見せ場がたくさんあるため、娯楽作品として観客を飽きさせない効果がありました。

これは日本でも仮面ライダーシリーズや戦隊シリーズでよく見られた設定です。この流れを踏まえ、オーガマンもテレビ放映を行うならば、ヒーローを集めた集合体として

企画しようということになりました。また資金面でも、出演するヒーローを制作した企業が資金を出し合えば負担は少なくなるだろうという見込みもありました。

こうして私たちのヒーロープロジェクトは、当初の計画から大きく広がり、予想外の展開へと突き進んでいったのです。

ドゲンジャーズ結成 ―ついに役者がそろう―

九州のヒーロー大集合は決まったものの、さて番組の企画名をどうするか、と笹井さんと相談したところ、パッと飛び出したのが有名な某アメリカン・コミックのシリーズを九州風にもじった『ドゲンジャーズ』でした。その後30分ほどほかの案も考えましたが、やはり最初のインパクトを越えられず、『ドゲンジャーズ』に決定しました。

すでに悪の秘密結社として九州の各ヒーローとつながりがあった笹井さんは、みんながこの企画に乗ってくれるはずだという前提で、脚本を書き始めました。しかし当時、笹井さんはヒーローショーの脚本は書いていても、ドラマの脚本を書いた経験はなかったのです。

ところが笹井さんは1週間で12話分の脚本を書き上げ、その内容も非常に面白いもので、私もワクワクしながら読み進めました。次々と九州のヒーローが登場し、なじみ深い福岡の街を舞台に悪役とコメディタッチな掛け合いが勢いよく重なり合い視聴者を飽きさせない物語になっていました。

ところが盛りだくさんな内容だけに、とても10分の放送時間に収まるとは思えません。どうするのかと聞いたところ、「少し削るかもしれません」という返事がありました。予算もその時点では数千万で済みそうだったので、いったんは面白い企画ができたのでテレビ局に持ち込むことになったのです。

ドゲンジャーズのメンバーは、テレビ番組用に新たにつくられた「ルーキー」、大賀薬局の「オーガマン」、山代ガスの「ヤマシロン」、北九州の個人事業主ヒーローである「キタキュウマン」「フクオカリバー」、プロレス団体でありBRAVES所属の「エルブレイブ」です。彼らはこの企画を快諾してくれました。

当時、九州にはほかにも数多くのご当地ヒーローがいましたが、声をかけた基準はヒーローの造形と世界観の完成度が高いことです。オーガマン制作の際にもこだわったように、一人ひとりのクオリティが十分で、しっかりファンを獲得していなければ相乗効果は得られません。私たちが声をかけたヒーローはそれぞれコスチュームの完成度が高く、設定もしっかり作り込まれており、すでにSNSやヒーローショーで実績を積んでファンを獲得していました。

製作面では、笹井さんがドラマ作品の製作経験がないにもかかわらず、製作実行委員会を立ち上げ、特撮ヒーロー作品としては初の女性監督となった荒川史絵さんや、主人公の田中次郎役に実力派若手俳優の正木　郁さんを起用するなど、着々と製作体制を整えていきました。

こうして企画が進むにつれ、笹井さんの脚本はどんどん具体化し、さらに面白そうになってきました。こうなると「せっかく作るのであれば、多くの人に見てもらえる時間帯に放映したい」という思いも強くなり、当初想定した深夜の10分枠ではもったいないという気持ちが私たちに生まれていきました。

取締役会議の壁ふたたび
―独裁者と言われて―

『ドゲンジャーズ』の製作は着々と進んでいましたが、番組の製作にあたり、必要な資金は再び取締役会議で承認を得て確保しなければなりません。しかし、オーガマンのお披露目が全国的に話題となり、製作費分の広告効果が十分得られた段階でも、ヒーローマーケティング戦略に対する社内の風当たりはなお厳しいものでした。

九州のローカルヒーローを集めたテレビ番組を作るという企画については、オーガマンを製作したとき以上にまったく理解が得られませんでした。テレビ露出によってオーガマンの知名度が上がったとしても、それが企業経営にどう結びつくのかについては、私が言葉を尽くして説明しても、「本当なのか」という否定的な反応があるばかりでした。さらに、テレビ番組を製作するとなると、必要な予算はいちキャラクターの製作費とは比べものになりません。費用を各企業から持ち寄るとはいえ、発案者である大賀薬局は最も高額な費用を負担する必要があり、さらに数千万円を拠出しなければなりませんでした。

前回同様、取締役会議は私の熱弁と中央突破でなんとか許可を取り付けたものの、社内の空気は最悪の状態でした。当時、オーガマンの活動に対して社内の理解はまったく得られておらず、表立っては言いませんでしたが、不満を抱えていた社員たちも多かったと思います。いつしか億を超える製作費を負担しなければならない映像作品の製作などに、社長がのめり込むことをよく思わない反対派が形成されていきました。あとで聞くと、この頃、私は陰では「独裁者」と呼ばれていたということです。

しかし、ここで多くの社員の意見をむりやり押さえつけても、より反発が高まるだけです。さらに反発か高まった結果、この企画が頓挫すればテレビ局やメンバーのヒーローたちだけでなく、製作に向け動き出しているさまざまな人に迷惑がかかります。

私はできる限り社内に丁寧に説明をすることでなんとかテレビ番組の製作を進めていきました。どんなに面白い脚本があってもすべての人が読んでくれるわけでもなく、読んだとしてもその面白さが伝わるとは限りません。表向きは平静を装いながら、社員たちにひたすら説明を繰り返し、理解を求め続けていきました。

テレビ放映までの期間は私にとってひたすら苦しい日々でした。私が創り上げたヒーローマーケティングという戦略が本当に機能し、結果を残せるかどうかの瀬戸際であり、私にとってもヒーローマーケティングにとっても最大のピンチでした。

喜び、のち苦難
―膨れ上がる予算とコロナの危機―

そんななかで決定した放送枠は、なんとKBC九州朝日放送の日曜朝10時でした。ここはテレビ朝日系列の子ども向けのヒーロータイムで、仮面ライダー、スーパー戦隊のあとに『ドゲンジャーズ』が放映されることになったのです。

これは非常に心躍る展開でしたが、実は喜んでいる場合ではありませんでした。というのも局から打診された放送時間は25分、本編の時間が延びれば当然製作費は膨らみます。この段階で予算は当初の1・5倍となり、さらに視聴率が見込める時間帯のスポンサー料も高額になります。

しかしもはやあとには退けません。私は針の筵《むしろ》のような雰囲気の社内でさらに取締役に頭を下げてまわり、追加予算をなんとか捻出しました。笹井さんもドゲンジャーズメンバーのヒーローを保有する企業に頼み込み、なんとか予算を確保していきました。すでにこの時点で製作・放送予算は1億円を超えており、『ドゲンジャーズ』の製作は一大プロジェクトとなっていました。

その後も数々のピンチが私たちを襲いました。製作を続けるうちに出費を読み誤った悪の秘密結社が資金ショートを起こしかけ、倒産寸前になって私にSOSを発してきたこともありました。さらに放映まで1カ月という、ただでさえ不可能な超過密撮影スケジュールのさなかに、新型コロナウイルス感染症が流行し始めるなど、思いもよらない世界的な混乱の予兆もありました。

私も笹井さんもかなり追い込まれた状態でしたが、「絶対良い作品を作ってやる」という気持ちが折れることはありませんでした。ここまで来たら、あとは進むだけです。私は自分自身がヒーローのつもりで自らを鼓舞しながら、襲い来るピンチに立ち向かっていきました。それは笹井さんもスタッフもキャストも同じ気持ちだったと思います。

その思いが通じたのか、コロナ禍による撮影への影響も危ぶまれながらも、行動制限がかかる前になんとかクランクアップすることができました。こうして、関係者全員が疲労とプレッシャーでボロボロになってはいましたが、なんとか期日までに『ドゲンジャーズ』は完成しました。皆「この面白い作品を世に出したい」という一心で逆境を乗り越えたのです。

『ドゲンジャーズ』出陣！
―ピンチを乗り越えたヒーローたち―

こうして『ドゲンジャーズ』は2020年4月12日、まさに新型コロナウイルス感染症拡大による緊急事態宣言が行われた真っただ中に放映が開始されました。福岡も緊急事態宣言の対象地域となり、多くの人が感染を恐れ自宅に閉じこもることを余儀なくされるなかで、ヒーローたちの物語が地元の人たちに受け入れられるのかは非常に不安でした。

物語は、地元のヒーローたちが不在のうちに悪の秘密結社によって修羅の国に変えられてしまった福岡をヒーローたちが奪還する物語です。ただし、ヒーローたちは冒頭でヤバイ仮面の攻撃で散り散りになってしまったため、傷を負ったオーガマンに力を託された青年が新しいヒーローである「ルーキー」となり、散り散りになったヒーローを集結させ福岡の奪還を目指します。

作品中では福岡周辺など地元の視聴者になじみ深い場所を映し出し、加えて関連企業の社名や商品をしつこいくらいに登場させました。「悪ノリ」一歩手前のギリギリの部分を攻めて企業や商品で笑ってもらう演出が、コロナ禍で暗くなった人々の心にウケたのです。

緊急事態宣言中の放映だったため、不謹慎との声もあるかもしれないと覚悟はしていましたが、結果としてこの地元ネタや企業アピールは多くの人に面白がられ、子どもはもちろん親や祖父母世代からも「面白かったよ」という声が寄せられました。ヒーローや悪の秘密結社の怪人たちは福岡の街を舞台に暴れまわるストーリーは、コロナ禍で自由を制限された子どもたちを元気づけたのではないかと思います。「コロナ禍で不安ななか元気をもらった」「笑顔になれた」という声がたくさん届きました。

また、テレビ放映の影響は九州にとどまりませんでした。福岡のＫＢＣ九州朝日放送とヤマシロンの地元である佐賀県のケーブルテレビ・ぶんぶんテレビのみの放映だったのですが、オーガマンがインターネット上で大きな話題となっていたこともあり、インターネット放送局のＴＳＵＴＡＹＡ　ＴＶ、ニコニコチャンネル、ひかりＴＶが全国区に配信してくれていたのです。

この結果、放映するたびにX上では番組の内容がトレンド上位入りして盛り上がりました。放映回を重ねるたびにトレンドのランキングは上がり、最終回直後には全国1位のトレンドを獲得しました。これは地元の視聴者だけでなく、オーガマンの公開から見守ってくれた大人を中心とする全国の特撮ファンとドゲンジャーズファンのおかげでした。

悪の秘密結社が資金を募る
―クラウドファンディング―

大きな話題を集めて無事に終了したドゲンジャーズでしたが、すでに1話放映の半ばから第2シーズンの製作が検討され、最終回放映までには確定していました。予想を超える全国的な盛り上がりに、放送局をはじめ関わった多くの人たちや企業が乗り気になっていたのです。

最終回直後から各ヒーローが第2シーズンの放映を告知すると、多くの喜びの声がインターネット上から寄せられました。そのなかで笹井さん率いる悪の秘密結社は「(株)悪の秘密結社によるヒーロースーツ弁済プロジェクト」という名のリンクを拡散し始めます。それはクラウドファンディングの募集でした。笹井さんは第2シーズン製作の資金をクラウドファンディングでも集めようとしたのです。

クラウドファンディングであるヒーロースーツ弁済プロジェクトは、「戦闘によりボロボロになったヒーロースーツの修理費の請求書が悪の秘密結社に届いたため、その費用を支援してほしい」という内容でした。クラウドファンディングのページは徹底的に作り込まれており、各ヒーローの破損部分の写真と解説までも掲載されていました。支援の返礼品もファンの心をくすぐるもので、監督の使用した台本や作品に登場したヒーローとのバスツアーなど非常に楽しいものです。

この結果、クラウドファンディングは1時間で目標の500万円を突破してしまいました。さらに差し伸べられる支援の手は止まらず、結果として2653人がこのプロジェクトを支援し、総額3866万7800円もの資金が集まりました。この資金は次期製作費の積立資金だけでなく、シーズン2のスピンオフ作品の製作費用に活用されました。

クラウドファンディングはドゲンジャーズに次期シリーズの製作費をもたらしました

が、私たちに与えられたものはそれだけではありません。高額な費用を払ってもドゲンジャーズの次回作を観たいというファンが数多くいること、その熱量が可視化されたといえるのです。この結果は私たちに大きな勇気を与えてくれました。

効果を発揮するヒーローマーケティング戦略

『ドゲンジャーズ』のテレビ放映を経て、オーガマンは子どもを中心に人気を獲得し、当初私が想定していた薬育活動も順調に行えるようになりました。このサイクルを形づくるには、人気を獲得したあとの新たな消費者の流入を想定して商品・サービスを投入する準備が欠かせません。

企業のヒーローは夢がある存在であり、ドゲンジャーズは一つのコンテンツとして成功しましたが、あくまでも企業に顧客を呼び込む存在であることを忘れてはなりません。人気を得ることが目的ではなく、人気が得たらそれをどう企業活動に結び付けるかを考え、戦略的に準備を行う必要があるのです。

その一つとして、テレビ媒体以外に地元密着型の戦略として有効なのがヒーローショーの開催です。ローカル企業のヒーローにとって、ヒーローショーは最も基本的なターゲットへのアプローチの窓口です。確かにテレビ放映と比較すると多くの顧客にアピールすることはできませんが、ヒーローが目の前にやって来て直接触れ合ったり握手したりできるというのは子どもたちにとっては何より得難いインパクトのある体験です。またその場にいなければ味わえない自分だけの感動体験となります。

その影響力は抜群であり、ヒーローショーは企業のメッセージを顧客に伝える強力な手段となります。私たちがオーガマン単体のショーを行う場合は「やくいくショー」と銘打ち、薬の適切な服用を呼びかけることで残薬問題の解消を訴えることができます。

また、このヒーローショーの影響力をさらに強力なものにするのがグッズの存在です。子どもは所有欲が強いので、終演後に物販があれば必ずといってよいほどグッズを欲しがります。公式のヒーローグッズを制作し、販売してもよいのですが、可能であればヒーローショーの内容に沿って日常的に使用できる教育・啓発のグッズを配布できると効果は高まります。

教育現場でも活躍するヒーロー

オーガマンのショーはドゲンジャーズの人気もあって良い滑り出しをしましたが、当初の想定から外れて苦戦した点もあります。それは、「やくいくプロジェクト」として考えていた幼稚園・保育所の訪問が当初は非常に難航したことです。

一般的に教育機関は企業が訪問して宣伝・広報に類似する活動を行うことを嫌がる傾向にあります。オーガマンも大賀薬局のヒーローであるため、当初は幼稚園や保育所に訪問したいと持ち掛けても断られることが大半でした。

この潮目が変わったのは、2021年に大賀薬局が、福岡市主催の「福岡100」という官民連携の取り組みに申請し、採択されたときからでした。「福岡100」は2017年7月から開始された福岡市による保健医療分野における新戦略です。寿命延伸に伴う人生100年時代の到来を見据え、誰もが100歳まで健康で自分らしく活躍できる持続可能な社会システムの構築を実現すべく、100のアクションを2025年までに実施するというものでした。

大賀薬局は、やくいくプロジェクトの足掛かりとしてこれに応募し、採択されて「薬剤戦師〈オーガマン〉による感染症予防プロジェクト」を展開しました。Xに啓発内容を掲載したり、チラシを作成し市の施設に配布・掲出したりしました。また、手洗いの動画を作成し、市のチャンネルや市・教育委員会のホームページに掲載されるなどしました。この結果、オーガマンの存在が公的なものとして認知されるようになり、こちらから働きかけなくても幼稚園や保育所から「オーガマンに啓発してほしい」という問い合わせが届くようになりました。

2020年に『ドゲンジャーズ』がヒットし、子どもたちから熱狂的な支持を集めるようになったオーガマンですが、実際に最初に想定していた子どもへの啓発活動である「やくいくプロジェクト」が実施できたのは2022年です。また、活動内容の骨子も当初想定していた正しい服薬方法と医療費削減がメインではなく、コロナ禍の状況と「福岡100」の啓発活動を受けて、正しい手洗い・うがいの指導がメインとなっています。

オーガマンは現在は健康と衛生の伝道師のような役割を果たし、歯磨きの指導までしています。こうしたニーズへの対応の結果、「やくいくプロジェクト」では1年間で福岡市近郊100カ所の保育所・幼稚園の訪問を達成することができました。

このように、企業で制作したヒーローが意図的に教育機関に参入することには大きな障壁がありますが、いったんヒーローの認知度が上がり存在が公的なものになればその参入は容易になり、むしろ教育機関側から求められる立場になります。すぐに結果が出るものではありませんが、ヒーローを制作する際にはいつか教育機関から招聘《しょうへい》されることも想定し、ヒーローの造形や背景、立ち振る舞いは社会正義に則った存在であるべきだと思います。

ローカルの商業施設との連携が相乗効果を生む

教育機関と対照的に、参入しやすいのが同じ民間資本の商業施設です。地方を中心に増えている巨大ショッピングモールでは集客のために毎週のようにキャラクターショーが企画されているため、このショーに出演することで企業のPRや戦略の発信を行うことができるようにまず働きかけなければなりません。

ただし、ヒーローに認知度がない場合は、商業施設でショーを行い続けるために多額の予算がかかります。ご当地ヒーローなどでよくあるパターンとしては、せっかくヒーロースーツを予算を抑えて制作したにもかかわらず、ヒーローショーのための場所代や人件費、備品代で年間1000万円以上の出費が発生してしまうというものです。

逆に、全国的に知名度が高い人気のヒーローであれば商業施設は自らの予算を投じて集客のためのショーを誘致するようになります。権利元から許諾を受けたイベント会社などがショーの台本を作成し、パッケージとして販売しています。施設側はイベント会社に依頼し、自身の施設の客層に合ったヒーローやキャラクターのショーを1回60万円程度かけて誘致しているのです。

ローカル企業のヒーローがショーを行ううえでまず越えなければならないハードルは、こうした商業施設のヒーローショーにおいて、「お金を払う側」から「お金を支払われる側」に移行することです。このためには、SNSなどで人気を集める、街中で支持を集める、ニュースなどで取り上げられるなど、露出を増やしてターゲット層の人気を集めなければなりません。

オーガマンの場合は、悪の秘密結社がすでに地元のヒーローとタッグを組んで企業からの支払いを受けるオリジナルショーを実施していたため、そこにニューヒーローとして登場することで、最初から費用負担を抑えることができました。

また、『ドゲンジャーズ』放映後で人気が高まってからは、ドゲンジャーズショーの需要が高まり、福岡近郊のモールなどの商業施設やイベント会場から誘致され、出演料を得ながら年間200本ほどのショーが実施されるようになりました。ショーにはすべてのドゲンジャーズのヒーローが出演するわけではなく、2〜3人のヒーローと怪人の組み合わせで実施され、オーガマンはそのプログラムに沿って出演をしています。

もちろん、ここまでの仕組みが自然にできたわけではありません。私たちのヒーローショーがここまで地域で普及したのは、コロナ禍でも地元の商業施設とタッグを組んで集客活動を二人三脚で取り組んできたためです。

ドゲンジャーズのテレビ放映は緊急事態宣言の真っただ中に始まり、放映終了後も日本全国で新型コロナウイルスへの警戒は続いていました。当時、著名ヒーローなどのキャラクターショーといったイベントの開催は、密を形成するという理由から大半が自粛していました。しかし、そのような状況であっても私たちはドゲンジャーズのショーの開催を商業施設などに提案していったのです。

商業施設としても、イベントの開催によるクラスターの発生は予防する必要がありますが、集客をしなければ経営が成り立ちません。当時は売上の減少を受けたテナントが家賃の一時的な減額を要請するなど、誰もが苦しい状況に立たされていました。そんななか、我々は新型コロナウイルスの感染予防に配慮したショーを提案し、地道に集客を重ねてきたのです。

ローカル企業のヒーローの強みは、このような危機が発生した場合に都市部の大手資本の運営するヒーローと比較して柔軟に対応ができることです。また、ビジネスとして根を張る地域のことを熟知していれば、商業施設のニーズを細かく汲《く》み取ってプログラムを変更することもできます。この点はヒーローの運営も企業の運営も変わりはありません。

SNS運用は令和のヒーローの必須要素

ヒーローを制作したあとは地道に人気を獲得する活動を行っていかなければなりません。この活動において予算を必要とせず手軽に活用できるものの代表格がSNSです。令和の時代において、この運用はヒーロー活動に欠かせないものといえます。

オーガマンの場合は、私にも悪の秘密結社にもSNS運用で爆発的に人気を獲得する手法がなかったため、インターネットでいわゆる「バズる」準備をするという方法を選択しました。まずは高クオリティなPVを制作し、YouTube上で公開するとともに、YouTubeリンクを伴ったオーガマンについて解説するページを作成しておくことで、検索した人がオーガマンの情報にたどり着けるようにしておいたのです。

このオーガマンのページは笹井さんのアドバイスで、複雑なページ構成とするのではなく、1ページで完結するいわゆる「ランディングページ」とました。ランディングページはLPとも呼ばれるもので、一般的には特定の商品・サービスに絞って宣伝をするために使われる単一ページのWebページを指します。

ランディングページは基本的にはインターネット上で特定の検索ワードを検索した際に、上位に来るように設計されるか、キーワード広告のリンク先として設計されます。そして、ページから離れるためのリンクを排除して、商品やサービスの購入ボタンのみを設置して、購入（ページ運営の目的の達成：コンバージョン）を促すという運用が通常です。オーガマンの場合は、このコンバージョンがPVの再生だったわけです。

こうして、YouTube上でPVを観た人はその解説欄に設置されたURLからオーガマンの詳細にたどり着きやすく、オーガマンという単語をSNSで見て検索をした人はオーガマンのランディングページからPVを観るという行動に移しやすいように設定しました。

また、オーガマンの簡潔で正論ど真ん中の決め台詞「薬飲んで、寝ろ。」もSNS上でウケた要素の一つでした。「キャッチコピーで息できなくなるくらい笑ってしまった」「簡潔で良いwwww薬飲んで、寝ろwwwwww」「正論すぎてぐうの音も出ないキャッチコピー」など、PVを観た人がすぐに覚えてネット上で呟けるくらいの簡潔さがオーガマンの盛り上がりにつながったと思っています。

ヒーローによるヒーローのためのSNS運用術

by キタキュウマン

オーガマンのアカウントは幸運にもその存在がネット上で有名になってから開設したた

め、私にはSNSで人気を一から獲得していくノウハウはありません。そこでSNS運用の達人として名高いヒーロー・キタキュウマンの手法を解説します。

キタキュウマンとは北九州市のご当地ヒーローです。ドゲンジャーズのメンバーですが、企業に所属しているわけではなく、個人事業主としてヒーロー業を営んでいます。

変身前の姿である滝 夕輝さんは、大学卒業後に「ヒーローをビジネスとして生きていきたい」と決意し、手作りの衣装でたった一人でヒーローを始めました。社会人経験もなく資本もない彼のPR手段は、無料で使えて当時流行っていたFacebookとXのみです。ここからSNSを駆使して人気を獲得し、今は元祖ご当地ヒーローである超神ネイガーに次ぐ、Xフォロワー数9・5万人を獲得している驚異のソーシャルインフルエンサーとなりました。

また、キタキュウマンはドゲンジャーズ放映初期にはSNS担当として活躍しています。番組製作決定の際には、「早速番組の予算バラ撒きます」「現金なお前たち！　今すぐリツイート！」と発信してアマゾンギフト券1000円が当たるフォロー&リツイートキャンペーンを開催し、話題づくりを行うなどしました。

◎SNSは営業なしで成功するためのツール

キタキュウマンの驚異的な実績の一つに、ご当地ヒーローとなってからこれまで営業を一切していないことが挙げられます。SNSの力だけでイベントに呼ばれ、ヒーローショーにも継続的に出演し、北九州市特命観光大使に任命され、最終的にはドゲンジャーズの一員としてテレビ番組にも出演しました。

キタキュウマンによると「ヒーローはXとの相性が良い」とのことです。いわゆるヒーローオタクと呼ばれる人たちはInstagramなどよりはXを好む傾向があるため、キタキュウマンも当初はFacebookとXを並行して利用していたものの、1年程でXをメイン媒体として移行したそうです。

SNSを知名度獲得のツールとして活用していたため、キタキュウマンは当初大人をターゲットとした発信をしていました。そしてその発信には当初毎回3000ほどの「いいね」のリアクションが付いたそうです。

◎ファン獲得の秘訣はキャラクターがブレないこと

アカウント運用のスタートから早々にファンを獲得したコツは、「ブレないこと」だと言います。キタキュウマンには当初から詳細につくり上げたキャラクター設定があり、基本的にはこの設定に沿ってファンが面白く感じるポイントをくすぐるという運用を徹底していました。

【キタキュウマンの設定】

●体が硬いので戦いたくない
●仮面を取るとイケメン
●変身前の滝夕輝は大阪大学卒の高学歴

この設定のポイントはオリジナリティであり、考案する際にはアイデアを列挙していき二番煎じとなる要素を徹底的に排除していきました。この結果、地面に寝そべった写真に「戦いたくない」と文字を入れて発信するなど、およそヒーローが呟きそうにないことを大喜利形式で投稿していった結果、フォロワーが増加していきました。

投稿のポイントは「キタキュウマンのアカウントが呟くと面白いもの」です。誰が投稿してもバズる状態になるものを取り上げることはあえて避けたそうです。「ヒーローが言うから面白いもの」という視点だけでなく「北九州のヒーローが言うから面白いもの」を心がけ、その範囲からキタキュウマンという設定が活きるものを絞り込んで、厳選したものを投稿するべきで、頻度はそこまで多い必要はないと言います。更新頻度にこだわるよりも、一つひとつの投稿が濃くなるように意識するほうがよいということでした。

◎ルールを決めて効果的に運用する

一人で運用するSNSではあるものの、キタキュウマンはSNSを始める段階で一定のルールを作りました。それは、更新頻度を一定とすること、更新時間帯はできる限りゴールデンタイムである19時から20時までの間とすることです。

一般的に、キタキュウマンのファン層にあたる大人は19時頃に帰宅し、20時頃からテレビを視聴し始め、21時からはドラマを観る傾向にあるといいます。ほかのコンテンツにユーザーの注意が引きつけられる時間帯よりも、携帯電話に意識がある時間帯に投稿することで、投稿直後から拡散が始まり、影響力が広がりやすいように心がけられています。

また、テレビをはじめとするメディアに出演したり取り上げられたりした際には、必ず放映前後や掲載前後に発信をすることをルールにしています。この場合、内容は面白い大喜利である必要はありません。「観てくれてありがとう」「読んでくれてありがとう」という内容でも発信しさえすれば、Xの場合はリツイートが増える傾向があるそうです。

◎バズる確率を上げることはできる

キタキュウマンによると、必ずSNS上でバズらせることは不可能でも、バズる可能性を上げることはできるそうです。オチや意外性を常に意識し、差し入れに対するお礼など内輪ネタに属するものや、「今日はイベントに行ってきました、ありがとう」といった、のっぺりした報告は避けるべきと彼は語ります。

同じ出来事でも言い方一つで面白くすることはできます。わざと誤字を入れたり、信頼関係があることを前提に失礼な発言をして衝撃を与えることなども手法の一つです。

しかし、バズることを追い求めすぎると、いきすぎた発言をしてしまいがちになります。キタキュウマンのアカウントでは、一線を越えないように倫理的な最低限のルールは踏み越えないようにしているそうです。人の死を馬鹿にしない、人種差別をしないという当然の倫理観を踏まえたうえで、何かを指摘されても適切に反論できることを踏まえて発言するという姿勢が、攻めた内容を投稿する際には特に求められます。バズる確率を上げていくには、世の中のコンプライアンス感覚を適切に踏まえたうえでの大喜利を行うバランス感覚が求められるのです。

さらにキタキュウマンは企業や個人の制作するヒーローのＳＮＳ発信について、必ずしもバズる必要はないと言います。ヒーローのＳＮＳ配信の前提として「なんのためのヒーローか」「ＳＮＳで訴求すべきことは何か」を整理し、その結果によっては不特定多数の話題となる必要性はないのです。

例えば、観光地のＰＲのためのヒーローの場合は、告知に対し何千人の集客をするという役割があります。この役割を果たすためには、積極的にＳＮＳ上でバズることを目的に大喜利ネタなどを投稿しなければなりません。

一方、小さな地域のカフェの集客を目的としたヒーローの場合は、店舗のファンを大事にすることが重要な事項になります。このため、無理にバズるための発信をする必要はなく、既存のファンとの交流を行ったり、イメージアップに努めたりすれば十分で、投稿の内容を考えるための労力がかかり、一歩踏み間違えれば炎上しかねない面白投稿は無理に行う必要はありません。

ＳＮＳには流行している世代に合った感性が求められます。このため、企業がヒーローを制作し、公式SNSを運用するには、該当するSNSに合った世代の力を活用してほしいとキタキュウマンは語りました。

絶大な発信力のテレビ番組はチャレンジの価値あり

ヒーローショーやSNSで地道にファンを獲得する手法も手堅いですが、ある程度人気が出るという確信を持てたのであれば、テレビ番組の企画や出演はチャレンジする価値があるものです。そもそも、知名度がなければヒーローショーには人が集まらず、SNSも大人向けの媒体であるため、ヒーローショーの集客には決定的な要因とはなりません。子どもをターゲットにし、子どもを集客するのであれば、テレビ番組は最も効果がある発信方法なのです。

いきなりテレビ局へ企画を持ち込むことに対して心理的ハードルを感じる人もいるかもしれませんが、意外なことに多くのローカル局では企画の持ち込みが歓迎されています。門前払いされることはありません。特に企画を持ち込む主体が地方の有力企業である場合

図３　独立放送局と系列ローカルテレビの衰退が顕著
—地上波テレビ局の売上高推移—

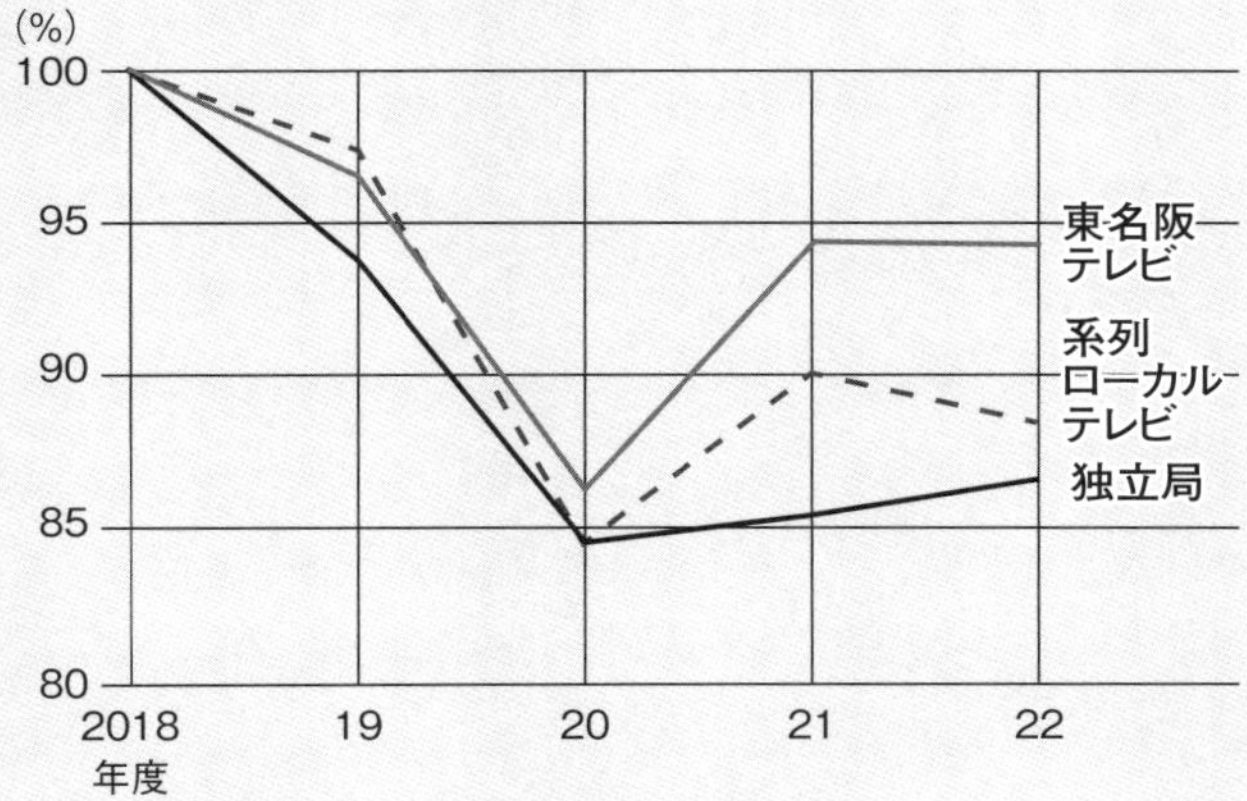

（注）2018年度の売上高を100%とした場合の数値
（出典）日本民間放送連盟発表の決算情報を基に東洋経済作成

には、新たな収益源を求めるテレビ局にとっても喜ばしい話であるはずです。

近年、地上波テレビ局全体の売上高は減少傾向にあり、特にキー局系列のローカルテレビ局や独立放送局は厳しい状況に立たされています（図３）。東洋経済オンラインの記事によると、テレビ広告費の縮小が進むなか、比較的経営上の体力があるキー局や準キー局はアニメや配信など放送外収入の拡大を目指して事業を行うことができますが、ローカル局は資金やノウハウが不足しており、新規事業の創出に苦戦しているといいます。

特に近年ローカル局は社員数が減少する傾向にあり、テレビ番組を製作する人的資源も不足する傾向にあります。このため、まさに『ドゲンジャーズ』のような企画は歓迎されているといえるのです。

資金難を救う製作委員会方式

地方のテレビ局が企画の持ち込みを歓迎する傾向にあるとはいえ、テレビ番組の製作費はワンクール（四半期）各25分、12話の枠を確保し放送内容を製作するとなると、億単位の資金が必要です。ヒーローの立ち上げの段階でこの資金を一企業が集めたり負担したりすることは無理があります。こうした場合に活用できるのが、テレビ製作の乗り合い方式ともいえる「製作委員会方式」です。

製作委員会はもともと映画製作の用語で、映画に出資するスポンサー団体のことを表すものです。近年の映画やアニメのクレジットには必ずと言っていいほど「〇〇製作委員会」

の文字が登場しています。

アニメや映画などのエンターテインメント作品の製作は、数億円単位の費用が必要とされることから、興行の成果に対するリスクが高いものです。昔から大作映画を作ったもののその興行が振るわず、映画製作会社が経営上の打撃を受け倒産の危機に陥るという話はよくありました。また、時代が進むにつれインターネット配信サービスやＤＶＤ、ブルーレイなどのコンテンツパッケージなど、作品の配信・販売が多様化するなかでその権利を事前に調整し、分配する必要も出てきました。

ここから、製作費を複数の企業で出し合うことで作品がヒットしなかった場合のリスクを分散し、ヒットした場合の利益の分配をあらかじめ取り決めておく製作委員会方式が考案されました。それが現在のコンテンツ製作の主流となったのです。なお、「せいさく」には「制作」と「製作」がありますが、「制作」は純粋なコンテンツづくりの場合に使用され、「製作」は資金を伴った全体のコントロールが必要な場合に使われます。このため、「製作委員会方式」には後者が使われるのです。

『ドゲンジャーズ』もこの製作委員会方式を採用し、大賀薬局のほかにも登場ヒーローを保有する企業が資金を出し合い、力を合わせてテレビ番組の製作をすることが可能となりました。ただし、シーズン1の放映は急に決定したため製作委員会の設計は急ごしらえで資金を持ち寄る程度にとどまりました。本格的に製作委員会方式が機能し始めたのはシーズン2の『ドゲンジャーズ　ナイスバディ』からです。

一般的に映像作品のために製作委員会を立ち上げる場合には、主導権を持つ幹事会社が複数の企業に対して出資を募ります。そして、映像の放映や興行で利益が出た場合には利益を出資比率に応じて分配するという運用が一般的です。

全国公開するような映画やテレビ放映されるドラマやアニメの場合、この出資者には放送局や映画会社、コンテンツの制作プロダクション、広告代理店、商社、出版社、新聞社、レコード会社、ソフト販売会社、芸能事務所、通信会社、玩具メーカーなどが連なります。これは、単に出資して興行や利益の分配を目的にしているだけでなく、映像作品から派生する権利を目的とする場合もあるからです。

このように、複数の企業がそれぞれの目的を持って複数委員会に参加するため、作品の製作においてはさまざまな観点から意見が加えられます。「地上波放送のコマーシャルに合わせた展開にしてほしい」「原作に沿ったストーリーにしてほしい」など数多くの要望が寄せられるため、幹事会社には出資金額を参照しながら意見を調整しコンテンツをまとめあげる力が求められます。

近年は映像作品に挑戦的な作風のものが減ったといわれますが、この要因として製作委員会方式を採用していることが挙げられる場合があります。数多くの意見を集約した結果、あたりさわりのない作品になったというのです。こうした批判に当てはまる作品とならないように、幹事会社はクリエイターの作品性と出資者の意向をすり合わせなければならないのです。

スポンサー企業との信頼関係が面白さを生む

この非常に出資者への気遣いと調整が求められる製作委員会方式を採用したにもかかわらず、『ドゲンジャーズ』シリーズは挑戦的な作風を保ち続けました。ネット上でも「マジでドゲンジャーズってぶっ飛んでて最高です」「特撮界に革命を起こしたといっても過言ではないローカル戦隊モノ」と称されるクオリティを維持し続けました。

さらにドゲンジャーズでは、出資者の支出した資金に対する配慮よりも作品の面白さに重きをおいていたため、出資した分ヒーローの出番が増えるという運用も行っていません。

また、劇中には福岡近郊の風景や地元企業の商品、サービスなどがしつこいくらいに多く登場しますが、その登場の仕方や紹介の仕方はひたすら持ち上げ、美しく見せるだけにはしていません。言い方は悪いですが必ず出すときには「イジる」要素を入れるようにし、視聴者に面白おかしく紹介するようにしています。これは製作側が「こうしたら面白くなり、商品やサービスにも愛着が出る」と確信しているからです。

しかしこれが全国放送の番組で一般の大手メーカーの商品に対して、こうしたふざけたアプローチをすることはまずあり得ません。ドゲンジャーズという作品において悪の秘密結社の笹井さんが執筆するこの脚本の作風を守ることができたのは、出資者にローカル企業ならではの信頼関係があったからにほかなりません。

そもそも、シーズン1で出資したすべての企業はもともと悪の秘密結社とヒーローショーを行う間柄の企業でした。九州地域という地元のヒーローショーでつながっており、顔を合わせて一緒にショーを盛り上げてきた実績があったからこそ、笹井さんのコンテンツづくりに全般の信頼があったのです。

また、シーズン1終了後に募ったスポンサーも大半は九州のローカル企業です。地元で切磋琢磨《せっさたくま》し合っているため、企業同士の交流も深く、経営者同士も顔を合わせることが多い関係性です。何かトラブルがあってもすぐに会いに行って説明をすることもできます。そして、何より「ヒーローで地元を盛り上げたい」という熱い気持ちを共有しています。

こうした背景もあって、『ドゲンジャーズ』の作風は各ヒーローの持つ尖《とが》った個性や笹井さんの作風が遺憾なく発揮されたものになりました。東京を中心とした大都市の大手資本ができない挑戦的な試みを実現できたのは、地元ならではの信頼関係があったからです。

第3話

爆撃必殺！

他社とのコラボレーションが新たなファンを生む

ヒーローを使ったタイアップ施策で
新規顧客を開拓する

次に続く戦略 ―資金調達とタイアップ―

『ドゲンジャーズ』のテレビ放映によって、そのメンバーであり独自の活動を続けているオーガマンと、番組製作に名を連ねている大賀薬局の認知度は格段に上がりました。それにつれて本業である薬局の経営も徐々に上向きになっていきました。

ヒーローによって業績が回復し始めたことに自信を深めた私は、この機にさらなる二の矢、三の矢を放とうと考えました。その一手が番組のシリーズ化です。すでにシーズン2の製作も決定しているこのチャンスを逃さず、ドゲンジャーズをビジネスとして最大限活用することが、会社としても大きな飛躍につながると考えたのです。

そのためにはきちんと整備されたビジネスモデルが必要です。シーズン2の製作を検討している段階で、私はよりスムーズな製作体制を構築するためには広告代理店が必要だと考えていました。それは主に資金の調達という面と、タイアップ宣伝の効果的な活用です。

シーズン1ではヒーローの運営をしている企業だけで資金を出し合いましたが、毎シーズン多額の資金を出し続けることは不可能です。このため、もっと広く出資を募ることが急務だと思いました。

広く出資を募るためには専門の営業部隊が必要です。ドゲンジャーズという媒体の価値を的確に理解し、企業にセールスできる人材を私は確保しなければなりませんでした。

一般に広告代理店というとCMなどを制作するイメージが強いですが、本来の業務は各メディアから広告枠を買い付け、各企業に販売することです。このため、広告代理店は小規模になると媒体ごとに特化した企業が多くなります。

各代理店は、自社の媒体がいつ、どのように、どの程度見られているかを把握していますし、どのような企画が読者や利用者に訴求しやすいか理解しています。そのため、営業部隊は企画とともに広告主（出稿者）に売り込んで、広告制作のサポートを行いつつ、媒体を売ったマージン（媒体の原価と売価の差額）を得るのです。

『ドゲンジャーズ』は作品そのものがDVDやブルーレイとして販売でき、公式グッズも販売できるＩＰ（知的財産）ですが、そもそもの役割はオーガマンの大賀薬局を筆頭に、メンバーとなるヒーローを保有する各企業のブランディングや宣伝を行う媒体でもありました。したがって続編では地元企業のヒーローを作品に出演させれば、その企業のブランディングやＰＲが非常に強力にできると考えたのです。加えて、ヒーローの出演がなくても、作品内でのタイアップで企業のロゴや商品、サービスを紹介できれば、告知効果は非常に高いと思いました。

しかし、脚本次第でどういう扱いになるか分からないヒーローの出演枠を売ることは一般の広告代理店には難しいことです。また、タイアップで企業のロゴや商品を作品内で紹介するにしても、どんな扱いでテレビに露出するかも分かりません。なにしろ笹井さんの脚本ですから、悪ノリギリギリで笑いを取るような扱いになるのは必至です。

このため、この媒体の枠を売る仕事は、ドゲンジャーズという企画を深く理解し、製作チームを信頼し、スポンサー候補には適切に説明を行って販売しなければなりません。こうした問題をクリアするためには、自分たちで広告代理店を作るしかないと思いました。

しかし当然のことながら、会社の資金が必要となります。例によって取締役会に諮り、役員たちの承認を得なければなりません。私はヒーローマーケティングの成功による業績の回復を説明し、今後の展開も含めた経営のために代理店が必要であることを説明しました。またもや猛反対に遭うかと思いきや、前回に比べて否定的なトーンは抑え気味でした。テレビ放映による知名度の上昇や業績アップなどの好結果に加え、子どもやその親たちといった消費者の評判も良かったことが功を奏したのだと思います。

こうしてなんとか役員たちの承認も得られ、代理店設立は具体的に動き出しました。

我らの広告代理店、誕生
―設立直後の大苦戦―

2020年9月1日、テレビ番組『ドゲンジャーズ』を広告枠として売るという一風変わった使命を帯びた広告代理店・エムマーケットエージェンシーはこうして設立されました。当時大賀薬局が51％、悪の秘密結社が49％の株を持ち合っており、悪の秘密結社チームは主に製作面を担うため、営業は大賀薬局側で行わなければなりません。

取り急ぎ急務となるのは、2021年4月放送のシーズン2に向けたスポンサー探しです。番組にヒーローを出演させたり、自社のロゴや商品を登場させたりしたい企業がいないか、ひたすら電話をかけて営業する日々が始まりました。

『ドゲンジャーズ』は全国区で話題となった作品で、Xのトレンド1位を獲得し、私や笹井さんはメディアの取材を多数受けていましたし、ヒーローショーには予想を超える数の家族連れを動員しました。このことから、当初はスポンサーの獲得は容易だろうと楽観的に考えていました。

しかし、その期待はすぐに裏切られることになりました。

エムマーケットエージェンシーは新規設立の広告代理店であるため、コネクションも既存顧客もありません。そのため、まずは地元企業にひたすら電話をかけてアポイントをとるしかないのですが、何度電話をかけても、門前払いになるか、話を聞いてもらえても「『ドゲンジャーズ』なんて知らない」「番組にロゴや商品を出して何になるんだ」と言われ、まったく案件を獲得できなかったのです。

そうしているうちに、シーズン2の製作日程は迫ってきてしまいました。作品内に企業のヒーローやロゴ、商品を登場させるという前提がある以上、製作に入る前に案件は獲得しなければなりません。

そこで、いったんエムマーケットエージェンシーの社員による営業ではなく、私が経営者仲間に直接頼み込む形で営業し、なんとか40社ほどの出資をとりつけました。こうして『ドゲンジャーズ』シーズン2の製作はなんとか始まったのです。

ポイントシステムで大失敗
―どう使えばいいのか分からない―

番組のシーズン2では、スポンサーを募るにあたり、福岡ソフトバンクホークスのスポンサー制度を参考に、利用に対する権利とポイントによるオプションを設定しました。

まずはオフィシャルスポンサーだと名乗ることで自社のブランド価値を高める「呼称権利」や公認ロゴの使用権、さらにキャラクターの使用権利などが組み込まれた基本得点と、出資金額に応じて付与されるポイントを使ってメニューが選べる仕組みを導入しました。

ポイントの使用用途は、やくいく手帳への広告掲載や番組内での商品の紹介、ヒーローショーでの広告掲示からファンイベントへの参加権までさまざまです。

また企業ヒーローもシーズン2で増えることになりました。福岡県大川市の企業・関家具のヒーローロボットや、宅配ピザチェーン・ピザクックのヒーロー、さらに鹿児島県でヒーロー事業を営むスッゲー株式会社のオリジナルヒーローの3体です。

番組名も『ドゲンジャーズ ナイスバディ』に決定し、製作準備も順調に進む……かと思われましたが、脚本段階で大問題が発生しました。ポイントに応じて劇中でスポンサーのロゴや商品を使うのですが、ポイントを購入したスポンサーがポイントを使わないのです。ポイントをただ保有しているままでは、脚本の内容も決まりませんし、付随するエムマーケットエージェンシーのプロジェクトは動けないのです。

スポンサー企業がポイントを使わない理由は実に簡単でした。「ドゲンジャーズというヒットした作品シリーズをぜひ御社の宣伝やブランディング、販促の役に立ててください！」と使える素材を目の前に並べられても、どう使えばいいのか分からなかったのです。

福岡ソフトバンクホークスという有名野球チームが提供するメニューであれば、もっとポイントは使いやすかったのだと思います。

それに対してこちらは始まったばかりの特撮ヒーロー番組のポイントです。私に頼まれてポイントを購入したものの、多くの企業は番組やヒーローのＩＰをどう活用すればよいのか明らかに戸惑っていました。

しかし、購入してもらったからには、ポイントを使われないまま放置するわけにもいきません。使われなければスポンサー企業に効果を実感してもらえず、今回限りで次に続かないからです。私たちはもちろんシーズン３以降も継続して製作するつもりでいましたから、それではまたゼロから資金集めをしなければなりませんし、何より今回のスポンサーに申し訳ありません。

結果として、エムマーケットエージェンシーはポイントを購入した企業一つひとつにポイントの使い方を提案して回ることになりました。そして、このポイントを付与して企業に自主的に選択してもらう形のスポンサー制度は見直さざるを得なくなったのです。

このポイント制度について、私は短期間ながら非常に充実したものに仕上げられたという自負がありました。きっと地元企業が喜んで活用してくれると思っていただけに、スポンサー枠が売れない、頼み込んで買ってもらっても使ってもらえないという結果は非常につらく、ヒーローというコンテンツを運用する厳しさを、改めて実感することとなりました。

やはりローカルヒーローではビジネスにならないのか、と私自身にとっても、ヒーローマーケティングに対する自信が揺らいだ大きな事件となりました。

パートナーシップで価値を高める ―シナジー効果―

結果として、ポイントで用途を選択する形式のスポンサー制度は1年で終了することにし、再度『ドゲンジャーズ』を応援してくれる企業に対して何を提案すべきかを考え直すことになりました。

そもそも、モデルとしたソフトバンクホークスのスポンサー制度は、スポンサー費用が高額で、ある程度の規模をもつ企業を想定した制度でした。ロゴの使用などにも厳しいレギュレーション（規則）があり、そのルールに沿って運用する必要があります。

これは、一般の人気キャラクターを企業が使用する場合も同様です。多額の費用を投じてスポンサーの権利を獲得し、ロゴやイラスト、写真をレギュレーションに沿って運用し、見込んだ効果を得ることは、資本や人材が豊富な大企業は日常的に行っている活動です。しかし一般的な地方の企業にはほぼ経験がないことだったのです。

このため、まずは一社一社訪問して各企業がどんなことを求めているかをヒアリングし、それに対してドゲンジャーズに何ができるかを提案することにしました。

この結果によって導かれた結論は「スポンサー費用の用途についてメニューの固定化はできない」というものでした。地元企業が地元発のヒーローを応援してくれるのであれば、ヒーロー側もその力を使って地元企業を全力で応援しようという決意の表れでした。

そして2022年のシーズン3の製作に向けて、スポンサーへのアプローチは大きく変更されました。前回のポイント制度に代わって打ち出されたのが、エムマーケットエージェンシーの保有するドゲンジャーズ関連の権利を共同使用するという制度でした。

要はドゲンジャーズというIPを各企業が共有し活用するということなので、各企業はその意向に沿って、ルールを守りながらであれば何をしても構いません。一方で、各企業に任せていてはその利用法を判断できず、スポンサーとなるメリットが失われてしまうため、エムマーケットエージェンシーのメンバーが企業一社一社提案をして回るというものでした。

その結果、福岡をはじめとする九州の街にはドゲンジャーズのキャンペーンが次々と広がっていきました。今回の最大の目玉は、シーズン3『ドゲンジャーズ　ハイスクール』の主人公「MAKO」「切袴《きれこ》」の誕生です。福岡の老舗明太子メーカー・ふくやがIPパートナーとなり、エムマーケットエージェンシーと悪の秘密結社とともに一からヒーローをつくり上げました。

企業の公式キャラクターが主人公として活躍することで、企業は九州地方だけでなく全国のドゲンジャーズファンに強力にアピールをすることができます。またキャラクターを制作し、メンバーとして参加することで他社の販促にも使用されることができ、認知度を二重に獲得することができます。もちろんオーガマンも主要メンバーであり、大賀薬局の宣伝にも一役買っています。ドゲンジャーズの人気に連動してオーガマンの人気が上がり、会社の認知度アップに貢献するという当初の計画どおりの展開となりました。加えて、制作したキャラクターの権利はエムマーケットエージェンシーではなく企業に所属するため、SNSや自社イベントなどでも柔軟に活用することができます。

このほかにも、自動車の販売代理店には九州地方で放映するCMを共同で制作するとともに交通安全イベントを開催し、食品会社に対してはドゲンジャーズとの多数のタイアップキャンペーンを開催しました。劇中で登場人物が食べたり飲んだりしたり、商品パッケージにドゲンジャーズが掲載されて販売されたりと、企業ごとの展開やターゲット層、新規開拓したい顧客などに合わせて独自の販売促進活動が行われました。

飲食店チェーンではドゲンジャーズのキャンペーンが行われ、店舗装飾にキャラクターが用いられるほか、ヒーローのシールなどノベルティが配布されました。ほかにも、番組内容と連動したCMの制作や屋外広告、企業SNSとのタイアップなど、ドゲンジャーズのヒーローの個性と能力に合わせたさまざまなキャンペーンが展開されました。

こうして福岡をはじめとする九州の街には、街中、テレビなどのメディアやインターネット上にドゲンジャーズがあふれるようになり、番組を視聴する子どもを持つ世帯以外にもその知名度は広まっていったのです。

企業同士のタッグで地元経済を活性化

―ドゲンジャーズ経済圏樹立へ―

ドゲンジャーズのプロジェクトは、今やオーガマンの構想を練っていた時点の予想をはるかに超えて、大賀薬局のブランディングにとどまらず大きく展開しています。福岡をはじめとする、九州各地域の企業と地域のブランディングと振興運動にまで発展しました。もともと地道に活動していたご当地ヒーロー・キタキュウマンや、オーガマンの取り組みによって実績があった地元の自治体との連携も深まり、近年ではフードロスの削減や小児病棟支援などの活動も行っています。ドゲンジャーズは5年弱という短い期間で「九州でバズった面白いコンテンツ」から九州の顔になりつつあるのです。

私は、福岡をはじめとする地方都市が今後持続的に発展していくためには、その地域に根ざす企業が元気でなければならないと考えています。このため、社員には「ピザを頼むときには（グレイトZの企業の）ピザクックで頼んでよ」「お土産は（MAKOの）

ふくやの明太子を買ってよ」と日々声をかけています。この活動自体は非常にささいなことですが、社員が自社の企業のヒーローが活躍する姿を目にし、他社のヒーローを応援することができれば、購買行動の変化につながり、地元企業が活性化していくことにつながると考えています。

ゆくゆくは、デジタルの力を使ってローカルの消費者に向けて、企業同士でクーポンを配布し合うなど、地場企業で地域の経済を盛り上げていく仕組みづくりもしていきたいという構想も練っています。一つひとつの企業では全国展開をする大手に立ち向かうことは難しいですが、業種を超えて地域で連合を組んで立ち向かうことならできます。何より、それを証明してくれたのはドゲンジャーズでした。

企業や個人事業主のヒーローが集まって戦うドゲンジャーズは、大手のコンテンツメーカーの制作する、非常に精巧に創り上げられたフィクションとは対極的な存在です。オーガマンをはじめ、ドゲンジャーズのヒーロー一人ひとりは街に確かに存在しており、保育所や幼稚園、遊園地、ショッピングモールに現れたり、やくいく手帳や商品パッケージなど日常のアイテムの中に姿を見せたりしています。そして、その行動の一つひとつは地域を担う企業や個人のビジネスと深く結びついているのです。

ＩＰ活用がさらなるメリットを生む

ＩＰ（Intellectual Property、知的財産）とは、人間の知的活動によって生み出された創作物や発明に関する権利を指します。エンターテインメントの分野だけでも映画やドラマなどの映像、小説やコミックなどの活字、音楽やゲームソフトなどジャンルは多岐にわたります。ＩＰ関連の権利にはいくつかの種類があり、それぞれ異なる保護期間を持ち、その期間は権利の種類や国によって異なります。またこれらの権利は法律によって定められており、権利者に対して一定の保護を提供します。

一般のマーケティングと同様に、ヒーローマーケティングにおいても、知的財産が重要な役割を果たします。商標権や著作権は、ヒーローキャラクターのブランドの構築と保護に重要です。企業がヒーロー独自のロゴやデザインを使用することで、顧客に対してヒーローと自社の認知度を高め、競合他社から差別化することができます。また、これらの権

知的財産の種類

著作権（Copyright）	文芸、学術、美術、音楽、映像、ソフトウェアなどの著作物を保護する権利。
特許権（Patent）	新しい発明や技術を保護する権利。
実用新案権（Utility Model Rights）	物品の形状などに関する考案を保護する権利。
商標権（Trademark）	商品やサービスにつける名称・シンボルマークなどの営業標識（商標）を保護する権利。ロゴやブランド名などがこれにあたる。
意匠権（Design Rights）	物品のデザインや形状、模様、色彩またはこれらの結合、建築物の形状など、または画像であって視覚を通じて美感を起こさせるものを保護する権利。
営業秘密（Trade Secrets）	企業が秘密にしている技術や営業情報を保護する権利。

利を登録することで、不正使用からブランドを守ることができます。

また、ＩＰをライセンス供与することで、追加の収益を得ることができます。他社に対してヒーローや関連グッズのデザインやブランドを使用する権利を許諾することで、ロイヤリティ収入を得ることが可能です。東映など大手企業では著作権と商標権を使ってキャラクターを保護し、ライセンス供与やグッズ販売を通じて収益を上げています。

さらにＩＰを活用することで、

マーケティングキャンペーンを強化できます。例えば、著名な自社で開発したヒーローキャラクターと他社、他業種企業のブランドとのコラボレーションを通じて、新しい市場やターゲット層にアプローチすることができます。

大手資本の制作するヒーローやキャラクターのIP活用は盛んに行われていますが、一方で地方自治体や地方の企業が制作するキャラクターがライセンス事業として成功している例はほとんど聞きません。そのなかで、少ない成功事例として挙げられるものの一つが熊本県のPRマスコットキャラクター「くまモン」です。

くまモンは、熊本県が2011年3月の九州新幹線全線開業を前にして熊本県の活性化を目的に始めた「くまもとサプライズ」キャンペーンで展開されたキャラクターです。利用には熊本県の許可が必要ですが、ライセンス料が無料であることは非常に強い誘因となり、2023年には関連商品の売上高が1664億円にまで到達しました。これは、資本力のない企業であっても熊本県との打ち合わせさえ突破すればキャラクターを活用したブランディング・マーケティングができることから、利用の裾野が広がった結果だと推測できます。

一方で、ドゲンジャーズは企業が費用を拠出してIPを活用するモデルです。企業は費用を使うからには、一定の戦略を策定してリターンを得なければなりません。これを行うには一定のマーケティングの知識と経験がなければ企画を立案することができません。ローカル企業の大半にはこのマーケティング人材がおらず、エムマーケットエージェンシーが営業をしても理解が得にくい状況だったのです。

当初のポイント制の狙いと効果

番組のシーズン2ではなかなか理解が得られず、スポンサーにまったく利用されなかったポイント制度は、シーズン3のスポンサー募集の際には提案型へと変更しました。しかし当初のポイント制度のメニューには『ドゲンジャーズ』によるスポンサーのブランディングやマーケティングの基本サービスが列挙されています。その後の提案はこれらを組み合わせて発展させたものであるといえます。

●オリジナルグッズへの広告掲載

番組オリジナルのやくいく手帳を作成し、その広告枠にポイント数に応じた大きさの広告を掲載したうえでテレビ番組を通して全国に配布するというメニューです。やくいく手帳はドゲンジャーズの公式グッズという位置づけであるため、入手する層は大賀薬局で配布するやくいく手帳と比較して購買力のある大人の視聴者層がメインです。

この施策は自社のサービスをドゲンジャーズと紐づけることで、地域内外からの購買を強く促進することが可能になります。基本特典である「ライセンス商品」を開発し、広告欄に掲載すればドゲンジャーズグッズとして商品を販売することができます。

●番組と連動したCM制作

効果的なテレビCMの制作には予算と能力、ノウハウが必要です。しかしスポンサー制度を活用してキャラクターを使用したPR動画を制作すれば、既成のコンテンツの力を使い、ファンや子どもに訴求することができます。番組のファン層以外への訴求についても、オリジナルで制作する場合と比較して労力が少なくインパクトのある動画を制作できます。

また、テレビＣＭの場合は番組と連動した企画が可能であるため、視聴者に対して非常に効果的に企業や商品・サービスに好感を抱かせることが可能になります。番組と連動したＣＭ展開は、箱根駅伝やサッカー日本代表の試合の合間に関連したＣＭが流れることが有名な例ですが、ドゲンジャーズでも同様の施策を行っています。

例えば、トヨタカローラ福岡はシーズン2の劇中でキタキュウマンの愛車が爆破された直後に、キタキュウマンたちキャラクターが出演する水素カーのＣＭを放映することでインターネット上の注目を集めました。同ＣＭをテレビ番組内で放映するだけではなく、YouTube上にも設置することで、インターネット上で話題に触れた人々がYouTubeで動画ＣＭを視聴するなど副次的な効果も得ています。

●イベント参加によるパブリシティ効果

ヒーローや怪人が各企業のイベントに登場して場を盛り上げるというメニューです。ヒーローや怪人をイベントに呼ぶと、親子連れを中心としたヒーローたちのファン層の集客がしやすくなります。また、うまく企画をすることで、地元紙をはじめとしたメディアのニュースとして話題にすることも可能です。

例えば、企業が行う社会貢献活動にヒーローを呼んで華やかに大規模に行えば、ニュースバリューが上がって地元紙が取り上げる可能性が高まります。また、ヒーローのキャラクターに即したストーリーを作って商品発表などを行い、インターネットに情報を流せば、ネット上のニュースとして取り上げられることもあります。

●ヒーロー関連媒体への社名掲載

イベント会場や遊園地の看板、さらにはキャラクタースーツに企業ロゴを掲載することには、多くのメリットがあります。ヒーローショーなどのイベントは多くの観客を集めるため、企業ロゴは多くの人々の目に触れます。これにより、企業の知名度が上がるとともに、すでに地元で知名度がある企業については「ヒーローを応援する企業である」との認知が広がり、ファンからの好感を得ることができます。

また、ドゲンジャーズは地域密着型のヒーローであるため、企業ロゴをイベント会場やキャラクタースーツに掲示することで、その企業は地域社会との連携を強化しようとする、社会的責任（CSR）活動を行っていると認識され、地元の支持や信頼を獲得することが可能です。

さらに、ドゲンジャーズは非常に熱狂的なファンを獲得しているため、コンテンツへの支援を表明することを通じて企業ブランドに対するポジティブな印象を形成することができます。「ドゲンジャーズのような遊び心のある企画に賛同している」というメッセージは企業のチャレンジ精神や若々しさの象徴でもあります。ヒーロー関連の媒体への社名の掲示は、番組の世界観のブランディングをそのまま企業へ活用することができます。

●SNSプロモーション

ドゲンジャーズに所属する各ヒーローはキタキュウマンを筆頭に多くのフォロワーを保有しています。このヒーローに対して自社のプロモーション発信を依頼することがドゲンジャーズにおけるSNSプロモーションです。

SNSプロモーションはもちろん企業活動に対してSNSの告知をするというシンプルな使い方もありますが、やくいく手帳の広告掲載やCM制作と合わせて活用することでファンに適切に情報を浸透させ、相乗効果を生むことができます。SNS単体でのヒーローたちの大喜利的な呟きがバズることを期待してもよいですが、面白いコンテンツを用意してそれを拡散したほうがよりインターネット上で話題になりやすくなります。

ローカルヒーローのスポンサーは一般的な代理店では扱えない

エムマーケットエージェンシーがシーズン３製作時にスポンサーを募る際に、ポイント方式からＩＰを活用する施策の総合的な提案に転換した理由は、このままではスポンサーの支援が継続しないと感じたからです。シーズン２のスポンサー企業50社がポイントを使用しなかったのは、ドゲンジャーズの活用法が理解しにくかっただけでなく、メニューの一部のみを使うだけでは企業にとってのメリットが薄いと感じていたからだと思います。

しかし、総合提案は非常に手間がかかります。数千万円規模の大キャンペーンであれば、一般の広告代理店も総合提案を行いますが、数十万から数百万のスポンサー料で総合提案をしていては手間ばかりかかって利益が得られません。

それでもこのたいへんな営業活動を実行したのは、オーガマンをはじめとするヒーローたちへの愛と、すでに次作に向けて企画が動いている以上、スポンサーを獲得しなければならないという使命感ゆえのことでした。社員たちの頑張りが結果としてドゲンジャーズを地域に根ざしたヒーローとして定着させたといっても過言ではありません。

ローカルヒーローを制作し、それをIPとして活用していくためには、たとえ非効率であってもがむしゃらに超えなければならない壁があります。エムマーケットエージェンシーの社長である下青木秀輝さんは、この総合提案型の営業スタイルについて「きちんと議論したらまずやらない手法」と言います。それでも社員を率いて邁進《まいしん》してくれたのは、私が誰もやったことがないことを始めてしまったから、それを応援したい、実現させたいという一念だったと語っています。

これまでご当地ヒーローは数多く生まれてきましたが、地元企業をスポンサーとして、シリーズとして製作できるほどの支持を得られたヒーローは存在しません。ヒーローがローカル企業に支えられ、ヒーローも企業のために貢献し、ともに地域を盛り上げていくというモデルは、当初の私の考えを超えて大きく広がっていったのです。

定石の逆を行くプロダクトプレイスメント

『ドゲンジャーズ』シリーズでは、スポンサー制度が始まる前からプロダクトプレイスメントを自然と取り入れていました。当初はヒーローを保有し、番組製作費を出し合った企業のテレビ媒体での宣伝を意図して挿入したものでしたが、シリーズを重ねるにつれてこの取り組みはスポンサーを募る有効な手段となっていきました。

プロダクトプレイスメントは、映画、テレビ番組、ビデオゲーム、音楽ビデオ、その他のメディアコンテンツに製品を自然に登場させる広告手法です。本来、この手法は、視聴者に違和感を与えずに製品をアピールすることを目的として始まりました。

例えば、映画の登場人物が特定のブランドの飲み物を飲むシーンや、テレビドラマで使用される特定の自動車などが典型的な例で、視聴者に自然とライフスタイル上の憧れなどを刷り込むことができる手法として知られていました。

しかし、ドゲンジャーズではこの定石を逆手に取りました。出資や費用の提供を受けたスポンサーの商品やサービスは「わざとらしく」「目立つように」登場させ、さらにネタとしてオチまでつけて徹底的に紹介します。

本来、プロダクトプレイスメントは、嫌がられてスキップされてしまう広告をコンテンツの中で自然にアピールする手法のはずですが、ドゲンジャーズでは広告をコンテンツ化して視聴者に「ゴリ押し」をすることで、徹底的に視聴者の脳裏に企業名や商品・サービスを刻み込んでいくのです。この「やりすぎ感」や「商品・サービスを大喜利化していじり倒す」手法は、今では番組の重要な個性の一つとなっています。

スポンサーへのリターンとして各企業へオリジナルのＩＰ活用案を提案したり、出資したスポンサーの商品を次々に脚本に組み込んで取り上げるのです。この手法が実現できたのは、ひとえに脚本の柔軟性によるものでした。

ドゲンジャーズは基本的に12話で構成される1クールの新作を一年に1回放送します。1～3月には前作の再放送を行い、4～6月に最新作を放送、9月に1話完結のスピンオフ作品を放送し、10～12月に翌年の新作の撮影を行います。脚本を担当する悪の秘密結社笹井さんは新作のプロデュースを行いながらスポンサーの状況を把握し、その商品やサービスの特性などを理解しながら視聴者にウケる形で脚本に織り込んでいくのです。

スポンサーからパートナーへ、ヒーローとともに歩む

2024年、エムマーケットエージェンシーはオフィシャルスポンサーの名称を「オフィシャルパートナー」へと変更しました。多くの人たちの努力の結果、『ドゲンジャーズ』シリーズはキャラクター分野のスポンサー数としては世界一の加盟数を誇るまでになりました。しかしスポンサー企業を訪問してヒアリングをした結果、ドゲンジャーズを十分に活用できていると回答したのは48%であったため、営業方針を新規獲得から顧客満足度の向上に切り替え、活用満足度100%を目指すことにしたのです。

「ヒーローを生んだ自社をPRしたい」「地元を盛り上げたい」と番組作りやイベント活動を行い、ヒーローを保有する企業もそれぞれの目的を達成するために個別に取り組みを続けた結果、気がつけばドゲンジャーズの活動は地域に根ざした社会貢献活動の一環を担うようになっていました。

これらの取り組みを整理した結果、「ドゲンジャーズオフィシャルパートナーシップ」を設定し、「ドゲンジャーズの手の届かない場所をパートナー企業にご支援いただき、そしてパートナー企業の皆様の手が届かない場所をドゲンジャーズが支える仕組みづくりを、ドゲンカルチャーを中心に行う」と定義しました。

「ドゲンカルチャー」とは、これまでのように実在するヒーローであるドゲンジャーズが、気軽に、できる範囲で、持続可能な活動を行うことを通して「誰でも誰かのヒーローであること」を文化として証明し続けるというものです。

これを実際の活動に反映するため、オフィシャルパートナーシップ企業に対して8つの活動を提示し、さらにオプションとして9つの特典を付与しています。

【オフィシャルパートナーシップ8つの活動】

❶ドゲンカルチャー（社会貢献活動）

ヒーローだからこそ、ドゲンジャーズだからこそできる社会貢献活動を行う。

❷公式サイトのロゴ掲載

九州・福岡のユーザーを中心に月間8万PV以上を獲得するドゲンジャーズ公式サイト

にリンク付き企業ロゴを掲載し、企業認知拡大を図る。

❸番組エンドロールへの企業名掲載

本編12話のエンドロールに企業名を掲載する。

地上波放送だけでなく、ＤＶＤやＹｏｕＴｕｂｅ、Ｗｅｂ配信においても企業名が掲示される。

❹ポスター配布

毎年新作シリーズ放送前にパートナーシップ締結企業限定の特別ポスターを配布。

❺ロゴ&ビジュアルの特別使用

パートナーシップ締結後、ドゲンジャーズ全キャラクターのビジュアルデータスタイルガイドを提供。店頭ＰＯＰや自社サイト、名刺、広告物などに使用が可能。

❻活動報告会への参加

一年に3回、パートナーシップ企業を招待した活動報告会を開催。企業の代表者や幹部が参加することでコンテンツ活用事例の共有や異業種交流の場に。

❼イベントへの招待

ドゲンジャーズ大型イベントの関係者席に無料で招待。従業員向けの社内福利厚生や顧客の招待枠として活用してもらう。

❽広告代理店業のお手伝い

エムマーケットエージェンシーによる広告代理店業の実施。サイト制作から屋外広告物制作、CM制作やノベルティに至るまで、ドゲンジャーズ以外のリクエストも含め、オフィシャルパートナーのハウスエージェンシーとしての活動を行う。

【オフィシャルパートナーの9つのオプション特典】

❶プロダクトプレイスメント

映像作品本編内で商品を映り込ませたり、ロケ地として実際の店舗に撮影を誘致したりすることができる。物語と連動して商品や店舗をPRすることができる。

❷CM制作

ドゲンジャーズキャラクターを活用したオリジナルCM映像を制作することができる。

❸CM・スポットCM出稿

テレビ番組『ドゲンジャーズ』のCM枠において、オリジナルCMを放映することができる。スポットCMや街頭ビジョンでのCM放映も可能。

❹商品・キャンペーンコラボ企画

キャラクターを使用したオリジナルコラボパッケージや、放送記念セールなど、商品コラボからセール企画までを提案。

❺企業が保有する広告媒体への活用

オフィシャルパートナーが保有する自社広告媒体へのキャラクター利用案を提案。屋外看板やバス広告、リクルート活動などに幅広く利用できる。

❻ノベルティ制作

うちわ、カレンダー、シール、ティッシュBOX、クリアファイル、ボールペンなどドゲンジャーズのノベルティを制作することができる。

❼SNS運用サポート

ドゲンジャーズの強みであるSNS運用のノウハウを活かし、SNS運用を盛り上げるサポートを行う。

❽企業イベントの企画・実施

入社式や忘年会などの企業イベントや、オフィシャルパートナー敷地内で行う夏祭りのヒーローショーなど、BtoCではない企業のイベントをキャラクターが盛り上げる。

❾キャラクター派遣

BtoCのビジネスを行うオフィシャルパートナー企業のセールや販促強化期間における集客の目玉として告知からイベント実施までをサポートする。

こうした新たな取り組みにより、オフィシャルパートナー企業へのアプローチは実績をもとにした再現性の高いものになり、より具体的な展開によってパートナー企業の満足度を上げるものにシフトできるようになりました。もちろん、今後も新たな取り組みは必須ですが、地域のヒーローであるドゲンジャーズを支える活動は、より多くの人が無理なく実施できるものになるはずです。

企業ヒーローの役割は究極のブランディング

新しいヒーローをつくりたいと希望する企業と話し合う際に、必ず話題に挙がるのがヒーローをつくることに対する効果はなんなのか、影響はどの程度なのかという点です。企業活動を行う以上は、投資に対する効果は常に意識しなければなりませんが、ヒーロー制作に対する効果は残念ながら数字で測れるものではありません。

オーガマンをはじめ、各企業のヒーローは商品やサービスの短期的な売上アップのためにつくられたものではありません。子どもたちにヒーローの活躍する姿を見てもらうことで、企業が子どもたちと地域全体に伝えたいメッセージを受け取ってもらうための存在です。

あえて効果を挙げるとすれば、それは子どもを惹きつける力だといえます。子どもたちはまだ購買力を持たない企業にとっては非力な存在ですが、未来の市場の象徴ともいえます。子どもたちが集まるブースや店舗が明るい雰囲気なのは、その企業の未来のファンが数多く存在することを暗に示しているからです。

ローカル企業がヒーローを活用することで得られる効果は、子どもが集まる企画を作り、地域と企業を活性化することにこそあります。こうした地域の未来をつくるために役立つビジネスモデルを構築することがヒーローマーケティング戦略を実現する大きな意義だと考えています。

第4話

誰もが楽しめるエンタメこそ自社を支える 最強の武器

ヒーローマーケティングは
企業に無限の可能性をもたらす

「変わり続けることをやめない」哲学

―5代目経営者の覚悟―

「ヒーローになりたい」という私の想いから始まったオーガマン制作の取り組みは、結果として大賀薬局に大きな変化をもたらしました。「オーガマンの企業」として会社の知名度を全国区のものとしたうえ、メディアの注目も集めることができ、数々のインタビューが世に出ることで大賀薬局の新しい経営方針を周知することができました。

また、新しいチャレンジを繰り返した結果、売上が向上して私が代表取締役に就任する以前の205億5000万円から、就任後の2016年から2023年にかけて約1・5倍の315億5000万円に、経常利益は5倍以上の6億5000万円に成長し、経営環境が大幅に改善しました。店舗数も2024年8月現在で116店舗を数えています。

ある広告代理店の担当者はオーガマンの広告宣伝効果について、『ドゲンジャーズ』

放映前ですでに初期投資の40倍の効果を得ていると語りました。笹井さんと出会ったこと、SNSでバズったこと、ドゲンジャーズとしてテレビシリーズを放映できたことなどさまざまな幸運が重なったとはいえ、オーガマンは大賀薬局に大きな成果をもたらしてくれました。今では多くの社員がオーガマンを受け入れています。

しかし、経営者である私がオーガマンを生み出したヒーローマーケティング戦略から得たもののなかで最も大きいと考えるものは、売上や対外的なブランディングの成果ではありません。大賀薬局という企業の風土を、変化を受け入れる性質に変えてくれたことです。

私のように同族経営の企業を引き継いだ経営者の共通の課題は、保守的になった社内の風土を、いかに変化を受け入れたり、自ら新しい事業に乗り出したりする挑戦的なものに変えていくかだと思います。

上場をしていないローカル企業は、一見古くさく既得権益に頼ってビジネスを行うという印象が強いと思います。しかし実は生き残っている企業はまったく逆で、非常にチャレンジングです。それは未上場の企業は株主による短期的な業績向上のプレッシャーを受けることがないため、30年後を見据えた投資をすることが可能だからです。

たとえすぐに利益が出なくても未来に向けて種をまいて試行錯誤をすることができるのです。

ですから同族経営企業の最重要課題は、チャレンジし続けることと言っても過言ではありません。そして企業全体を挑戦的な社風とするためには、経営者が変わり続ける姿を見せるしかありません。そのやり方はさまざまですが、私の場合はそれが「オーガマンに変身すること」だったのです。

「社長がヒーローに変身する」という事象は、社内に対して非常に分かりやすいインナーブランディングになりました。私がオーガマンやドゲンジャーズのプロジェクトにがむしゃらに取り組む姿は、当初は白い目で見られていましたが、3年程経つと私がオーガマンの姿で社内を歩いていても皆が当たり前のこととして受け入れるようになりました。

さらに、私や悪の秘密結社の人たち、エムマーケットエージェンシーの社員たちが力業でスポンサーを開拓し、テレビシリーズを製作する姿を見て、若手社員たちが少しずつ自分たちのやりたいことを主張し始めました。薬剤師YouTuberが発信を始めたほか、店舗の改善やPRなど多くの社員が自分のアイデアを形にしようとし、周りもそれを受け入れるようになったのです。

この変化を受け入れる姿勢は採用にも大きな影響を及ぼしました。オーガマンをはじめとするドゲンジャーズの姿を見て、大賀薬局は面白いことをやっているぞと感じた多くの大学生が大賀薬局を志望してくれるようになりました。

さらに、新しい取り組みにチャレンジをする若手社員をあと押しし、登用することで変化を受け入れる姿勢を恒久的なものにしようとしています。その中心には常に変化の象徴としてオーガマンというヒーローが存在しています。

地域を味方に信頼を築く
―ドゲンジャーズが教えてくれたこと―

当初はオーガマンを映像化するための一つのアイデアだったドゲンジャーズは、私や福岡の地に厳しい市場環境でも生き残るためのヒントを与えてくれました。ヒーローたち一人ひとりでは人気を獲得することが難しくても、多くの人数が集まることで注目を集めることができたように、企業や地域も複数で力を合わせれば大きなうねりを作ることができることをドゲンジャーズは教えてくれたのです。

企業活動や地域おこしも同じです。一つの企業や一つの地域だけでは、東京や大阪の巨大資本と比べて見劣りする場合でも、力を合わせればよいのです。力を合わせて信頼関係を得れば、ドゲンジャーズのように支え補い合って、もっともっと枠を越えて活躍していけるはずです。

ドゲンジャーズシリーズは2024年7月の『シン・ドゲンジャーズ』で5作目の放映を果たしました。オフィシャルパートナーは2023年時点で125社となり、ヒーローを保有するIPパートナーと手を携えて今後も放送を継続していく予定です。

現在、ドゲンジャーズを抱える地方自治体、ヒーローを保有するIPパートナー企業、オフィシャルパートナー企業は、ライセンス活用やドゲンジャーズの聖地化、社会貢献活動、海外放送、国外観光誘致、県内消費施策を行うべく動き出しています。そのどれもが、ローカル企業1社や一地方自治体の力ではチャレンジすらできないことです。

ドゲンジャーズの存在は、私に変化すること、チャレンジすることの大切さだけでなく、力を合わせることの大切さと、力を合わせたからこそできることの威力を教えてくれました。これからもより多くのプレイヤーと力を合わせれば、さらにたくさんのことができると私は信じています。

ローカルヒーローからの脱却
―地図を広げ全国へ―

今、私たちはドゲンジャーズの予想を超えた成功と活動の広がりを受けて、このモデルをほかの地域でも活用してもらおうと検討しています。これまでは、ドゲンジャーズの枠組みを使って九州地方のローカルヒーローの創出や新規・既存のヒーローの活躍を支援してきましたが、今度はドゲンジャーズの成功を踏まえたヒーローマーケティングによるビジネスモデルを、ほかの地域で新しく始めようとしているのです。

私たちは、ドゲンジャーズの成功が福岡という都市だからこそ成り立ったとは思っていません。地域経済の衰退や人口減少、活気の喪失に危機感を持っている人たち、まだまだ自社や地域経済を盛り上げたいと考えている企業、街の未来を信じている自治体、そしてヒーローをつくりたいヒーローマニアがいれば、そこに新たなドゲンジャーズは生まれるはずだと考えています。

現在、地方都市は少子高齢化に伴う人口減少によって活気が失われている地域が少なくありません。抗《あらが》うことができない社会動態、人口動態の変化に半ば諦めかけている企業経営者も多くいることかと思います。

しかし、諦めるのはまだ早いと思います。

ヒーローマーケティングによる取り組みは、そんな地方都市のチャレンジの成功の可能性を私たちの経験を活かして底上げするものです。「私もヒーローになりたい」「ヒーローで自社や地域を活気づけたい」。そんな熱い思いを抱く人がいれば、私たちはいつでも駆け付けて応援していきたいと思っています。

エンタメこそが最強の武器になる

私は、メディアのインタビューで「オーガマンやドゲンジャーズが成功した理由は何にあると思いますか？」とよく問われます。おそらくどんなポイントが視聴者にウケたのかという内容を知りたいのだと思いますが、私はオーガマンやドゲンジャーズの成功要因として根本にあるのはコンテンツの質以外の何かだと考えています。

ドゲンジャーズの活動は、一般的なご当地ヒーローの活動から一歩外に踏み出したものです。ヒーローという存在が、社会に対して企業が発するメッセージの代弁者となり、社会貢献活動を伴ったヒーローショーを展開し、そのヒーローがテレビ番組でも活躍するという複合的なものです。

これらは前例のない活動で、オーガマンやドゲンジャーズに関わる人たちは皆体当たりで目の前の壁を破り、時にはボロボロになりながら前を向いて進んでいきました。そうした過酷な状況のなかで私たちの一筋の光であったのが、「ヒーローの企画って楽しい！」という思いや「やっぱり私たちが作ったものは面白い！」という自負でした。

このことから、私はオーガマンやドゲンジャーズの成功は、ひとえにこの取り組みそのものが極上のエンターテインメントであったからではないかと考えています。世の大半の人は娯楽なしでは生きていけません。人は楽しいところに自然と集まります。

そして私たちの楽しみの原体験はその大半が子どもの頃に培われています。そのキラキラした思い出の中でも、多くの人たちの心に強く刻み付けられているのが特撮ヒーローだと思います。私は、オーガマンやドゲンジャーズの成功はこの特撮ヒーローへの憧れに対し、多くの人が素直に従える流れを作り、楽しく巻き込まれてしまったからではないかと考えています。

特撮ヒーローというエンターテインメントは、特撮大国日本において人を惹きつけてやまない強力な武器です。あとはそれをどう使うか、使い手となる人や企業、自治体の腕が試されています。その武器を最大限活用できるヒーローマーケティングを私はこれからも多くの人たちに伝え、実践する手助けを続けていきます。もちろん多くの困難があり、時間もかかると思います。それを乗り越えるのがともに戦う仲間であるスタッフやパートナーとなる企業です。その力を結集すれば、必ずヒーローが成功をもたらしてくれます。

まさしく「ヒーローは一日にしてならず」なのです。

スペシャル対談

オーガマンVSシャベリーマン

2024年6月11日、悪の秘密結社の広砲部長シャベリーマンと、薬育のために日々活動するオーガマンが相まみえ、これまでの闘い（？）の日々について語り合った。

ドゲンジャーズはアンパンマン？

——子どもたちに大人気のドゲンジャーズですが、特徴としてはどんなところが？

オーガ　「ドゲンジャーズはシャベリーマン脚本のフィクションなんだよね。ただ、ヒーローたちとか怪人たちはそれぞれ実在しているという新しい境界線でやっているので、それをファンの人たちも知りつつ楽しんでいる感じだね。だからアンパンマンというか、トムとジェリーかも分からないけど、戦いというよりも仲良くケンカしてしている、っていう感じなのかな。見せ方としては」

シャベ「結局キャラクターをプロデュースするときに、自分とそのつくるキャラクターの人間性というか、価値観とか、乖離《かいり》が激しいと、無理が生じるんですよ。だから等身大でやったほうがいいと思いまして。もともと僕は陰キャラなんで、それが自分のやりたいことをヒーローにやらせるって無理なんですよね」

オーガ「確かに等身大のキャラクターのほうがいいね」

シャベ「ストーリーについても、僕は自分が今面白いと思ったものを出すほうがいいというか、『子どもはこれが好きでしょう』ってやると、たぶんばれると思うんですよ。なのでドゲンジャーズ全体として、物語も大人も子どもも『面白いよね、ちゃんとストーリーになってるよね』みたいな感じで、今につながってるのかなと思ってます」

――ヒーローものではあるけど、どちらかというとアンパンマンに近いですよね。みんなで同じワールドで、ずっと続いていくという。

オーガ「ドゲンジャーズって人が死ぬことがないから、そこは親も安心して子どもに見せられる部分なのかなと思います。それとストーリー上確かに勧善懲悪なところは当然あっても、『なんかどっか憎めねえよな、ヤバイ仮面』みたいなところがあって、そういう意味では確かにバイキンマン的な要素があるかもしれない」

――悪役が輝かないとヒーローも輝かないといわれますが、脚本をつくるうえで気をつけているところは?

シャベ「悪者サイドからすると、オーガマンの逆を言えばいいんですよ、僕は。シンプルに。だから意外とそんな、それこそ実はそこはシンプル軸だから、オーガマンから『薬を飲め、薬飲んで寝ろ』って言われたら、僕は薬飲まんで起きてればいいんですよ」

オーガ　「脚本上はそうなるんで（笑）」

シャベ　「ただ実在するコンテンツで、もう5年目とかってなってくると、『薬飲んで、寝ろ。』はもう僕は金言のような一番いい言葉だと思うんです。オーガマンを含めて、この言葉は絶対大切にし続けましょう。ただ、それ以外のオーガマンの、違う言葉を拾うことのほうが僕にとっては仕事なんですよね。だから普段の会話でも『最近何かないですか？』とか、『ああ、今、こう思ってるんだな』とかというのをメモして、次の例えばメトロポリスは『こっちの軸で書かせてください』とか、それをいろんなヒーローさんで、僕はやるっていう。だから、その逆を言えばいいってことなんです。僕は」

――ヒーローと悪役は表裏一体ということですね。

シャベ　「そうです。だから単純に、逆張りをする側が悪者なんで。違うそのワードというか、その逆に普通であるそもそもの言葉を拾っていく。僕が見つけていくっていうことが悪者としては大事かなと。大義を探していくっていうところですね」

——それぞれのヒーローが企業とタイアップしているわけですが、相手先の社長が自ら出演したいという要望が来ることはありませんか?

オーガ「あるかな、たぶん」

シャベ「たぶんですけどね。ただそれはあくまでキャラクターとして自社のヒーローを出してほしいとか、プロモーションとして成立させてほしいということで、本人がショーに出たいというようなことは意外とないですよね」

オーガ「ビジネス的に言うと、いわゆるキャラクター持ちの企業さんと、あとはパートナーといって、ドゲンジャーズをコンテンツとして活用して自社のサービスとか商品、会社の認知度を上げようとして使ってくださってる方々。それと番組の製作実行委員会みたいな形で分かれてるんです」

——3つの立場があるわけですね。

オーガ「となると、私たちはどちらかというとIP保有企業というカテゴリーなんですね。オーガマンというキャラクターを保有しているパートナーで大賀薬局という会社があって。ほかにも『MAKO』というキャラクターを、明太子のふくやさんが保有しているというような形で、そうしたキャラクターを保有している企業の社長さんは、基本的にキャラクターとコンテンツの活用ということを違った視点で見ているんじゃないかと思います。ただ、そういう特撮番組やキャラクターが好きな人が、オーナーの会社がIP保有企業であることが多いです。ですから一緒に作品をつくっていって、子どもたちに喜んでもらえたらうれしいよね、というところと、当然子どもたちに対してその認知度を上げたいよね、という気持ちと両方あるんですけど。ただどちらかというと『まず喜んでもらいたいよね』のほうが強いと思いますね」

これからのオーガマンとシャベリーマン

――今後のオーガマンについて、どんなふうにしていきたいですか？

オーガ　「そうですね。やっぱり進化していきたいと思っています。ドゲンジャーズだって、作品自体もどんどんどんどん進化していってると思うんですよね。みんな、経験値もたまって、福岡の特撮番組が撮れる製作会社って今は悪の秘密結社しかないので、そういう意味での進化もありますし。私はオーガマンとしてというより、経営者としての自分自身の成長を、そのオーガマンにも反映させたいですね。そういう意味ではバージョンアップというのはもちろん考えていきたい部分ではあるし、人格的にも変わっていくという……」

シャベ　「うん」

オーガ「そういうイメージがありますね。だから、オーガマンはやはり私の代弁者ではあるんですよね。オーガマンの姿で話すことによって、より子どもたちが入り込みやすくなるとか、そこからお父さんお母さんに、私が伝えたいことを、オーガマンというキャラクターを通して言うことによって、より伝わるようになっていく」

――オーガマンが言うからこそ、みんなに聞いてもらえる。

オーガ「そういう意味では、私自身の経営者としての成長によって、たぶん発する言葉が変わってくるんです。考え方にしても、そのしゃべる言葉にしても変わってきてると思うんで、これがちゃんとオーガマンに反映されていくという関係性であるので。そういう意味では、どんどん進化し続けるんだろうと思います。できればそういう何かバージョンアップしたオーガマンの姿もつくっていきたいと思っています」

——オーガマンがバージョンアップするということは、やはりシャベリーマンも？

シャベ「実は僕、引退しようと思ってるんですよ。シャベリーマンを。僕は今、脚本に一応会社の経営、で声の出演、キャラクターもヤバイ仮面というのがいるわけですよ。いろいろやってて、リソースを全然、ちゃんと使えてないって感じてまして。やっぱりドゲンジャーズは続けたいし、ヒーローたちをサポートするためには、僕がちゃんとしないといけないかなと。だったらもう半端にするんじゃなくて、そこはいったん休眠。シャベリーマンっていう、うちの会社のミニマムなIPはやめて、ちゃんと僕のリソースをすべて経営に向けて行こうかと。ドゲンジャーズやオーガマンの運営のことを考えると、そういうふうにしないといけないなっていう感じですね」

——そうするとシャベリーマンは長期休暇になって、誰かが別のキャラクターをやっていくという形ですか？

シャベ 「そうですね。それこそオーガマンが進化したときに、またきっとその中心軸から違う言葉を発してくださるんですよ。それに合わせて僕らは僕らのアップデートした悪の大義でその真逆を行かないといけないんで、そこにちゃんと集中したいな、と」

――シャベリーマンも、悪役のフロントよりもビジネスに目覚めたと。

シャベ 「そうですね、本当にそのとおりです。もう本当にネクタイ締めて、裏で一番、汚く儲けようと思ってます、これからは。悪の秘密結社のラスボスってことで、それがもういいかなと」

オーガ 「そもそもちゃんとそういう役柄になっているからいいよね。シャベリーマンは怪人じゃなくて人間なんですよ。キャラクターとしてちゃんと。怪人のふりをしてる人間なんで」

プロデュースに関して苦労したこと

――やはりオーガマンとドゲンジャーズを総合的にプロデュースしていくとなると、いろいろとたいへんなこともあったと思いますが、一番苦労されたのは？

シャベ　「一番苦労するのは結局、製作と運営が同時だということなんですよ。一人の人間が、ゼロから物語をつくることをずっとやりながら、並行して運営もやっていくというのがそもそも無理なんです。スクラップアンドビルドしながらもなんとか製作は回していくものの、そこにひずみが生まれてくる、『問題が起きた、赤字だ、消化だ』というようなことをやっていると、どうしても両方とも進みが遅くなりました。それがしんどかったですね」

オーガ　「私が一番苦労したのは、大賀薬局の社内の理解が得られていなかったことですね。全部勢いで進んで行ってたし、社内ではほぼ独裁者と言われていて、当時の役員の反対をむりやり押し切ってましたから。だって番組の製作やって何千万使うなんて、普通の会社だったら役員会も紛糾して止まりますよ。ただオーナー企業であり、先代の父がもう役員から抜けていたということもあって、ある意味独裁で決める権限はあったわけですよね」

――強権を発動して突っ走ったんですね。

オーガ　「ただそれをずっと発動し続けて、しかもその時期がコロナでうちの業績がむちゃくちゃ悪くなった時期だったんです。なので、やはり社内では『会社の業績が悪いなかでなんでこんなことやるんだ』とか、『番組製作にいくら金を掛けてるんだ』『だったらその分給料に回してくれ』という反対の声はいろいろありました。社員から役員から、うちの父にまで話が行って、財務経理の責任者やメインバンクからも『やっぱりやめろ』『今、そんなことやってる場合じゃない』という批判がリアルな声として届いていたので、そういう理解を得られないつらさというのはあったかな」

――それでも反対を押し切ってやり切った。

オーガ「あそこでやめてたら今がないんですよね。なぜかというと私が見ているのは10年先なんです。少なくとも10年後にこの会社が、私がイメージする姿になっていたい。だから逆算して、今、こういうことを種としてまいておかなきゃいけないし、今のうちにこういうことをやっておかなきゃいけない。もちろん財務のバランスとかも見るけれども、最終的には、『10年後にこうなっていたい』という姿のほうが私は大事だと思うし、経営者として必要なことだと思うので。これはオーナーだからこそできることで、雇われの社長だと絶対に無理だと思います」

――10年後を見据えての戦略ですね。

オーガ「そういう意味で言うと、日本の企業が強かったり弱かったりする要因にもなっている部分かもしれないと思っています。プロ経営者にとって、一時的に経営状況がよく見えていても、実際にはそうなっていないというの

はよくある話なので。だからやはり9割とか、9割9分の人が反対すること
に対して、オーナーが独裁で決められるというのは、オーナー兼社長の
いいところではあるのかなと思います。ただ生かすも殺すも社長次第とい
うところもあるので、そういう重責を担うつらさはありましたけど、ある
意味決められる立場にあって良かったなとも思いますね」

――厳しくて難しい立場ですね。

オーガ「めちゃくちゃ覚悟が必要なんですよ、たぶん。やっぱり、最後までやり
切る覚悟かな。私もだから決して諦めないという覚悟は決めています」

おわりに

私がこの書籍を執筆しようとした背景には、「オーガマンをモデルにしました」「ドゲンジャーズのような取り組みを行うにはどうすればいいですか」という連絡や問い合わせが徐々に増えてきたことがあります。

これまでオーガマンの生みの親であり、ドゲンジャーズの製作委員会の幹事会社であるエムマーケットエージェンシーの親会社社長として、オーガマンやドゲンジャーズについてのインタビューに数多く答えてきました。しかし、その情報は断片的で、取り組みの全容やそのノウハウについてまとめたものはありませんでした。そこで、オーガマンの立ち上げからテレビ番組『ドゲンジャーズ』シリーズの運営が軌道に乗るまでの軌跡を一冊の本にしようと考えたのです。

ローカルヒーローのエポックメイキングともいえる超神ネイガーが2005年に誕生し話題となって以来、数多くの個人や企業がローカルヒーローの制作に取り組んできました。その成功の可否は企業の担当者や運営者など、個人の熱意やセンスによるところが大きく、組織的に成功に導いた例は見聞きしたことがありません。

そんななか、個ではなく組織の力で急速にプロジェクトを大きくし商業的な成功を得たのがオーガマンとドゲンジャーズだったのです。このため、ヒーローをつくりたい経営者や個人、地方自治体から問い合わせが来るようになりました。

子どもの頃の憧れの気持ちを持ったまま大人に成長し、組織を動かす立場に就いている人は意外にも数多くいます。特撮ヒーローというと目にする機会が少ないかもしれませんが、会社の壁に好きなアニメのポスターを飾ったり、電車の模型を並べたり、映画やドラマ、アニメに出る車とそっくりな営業車を作ってしまう経営者や会社役員をメディアや現実の世界で目にしたことはあるはずです。

大人になって資金や力を得たからこそ、夢や憧れを現実のものにしたい人はたくさんいます。小規模な例でいえば、クオリティの高い社会人コスプレイヤーなどもこの範疇《はんちゅう》に入ります。

一方で、経営者や役員が子どもの頃の夢を現実に従っていると、多くの社員や取引先はあまりいい顔をしません。それはきっと子どもの夢を現実にする行為は企業の資金を使ったただの道楽であり、ビジネスにはなり得ないと思っているからです。

しかし私は、子どもの頃の夢を現実にできないかチャレンジすることへの意義は大きいと思っています。子どもの憧れは純粋で、強く、人間の根本的な欲求に結び付いているため、多くの人を惹きつけます。その魅力を持つ対象をビジネスとして成り立たせることができれば、非常に強力な何かができるはずです。夢や憧れをビジネスとして成功させている最たる例である東京ディズニーランドが、日本中の人を惹きつけてやまないことは誰もが認めるところです。

私は夢や憧れを忘れていない経営者であれば、周囲の反対を恐れずその実現に向かって一歩踏み出すべきだと思っています。すぐに実現することは難しいかもしれませんが、そこに適切な戦略があり、その戦略をともに実現するノウハウを持つ人材がいれば、たとえその工程は苦しくても、夢や憧れはきっと現実になります。

本書は、自社のオリジナル特撮ヒーローをつくりたい経営者に向けてプロセスやノウハウまとめたものですが、その本質は、自身を変えたい、企業風土を変えたい、夢や憧れを現実にしたい、という前向きな熱意を持っている経営者へのエールでもあります。

企業や自身が変化し、あるべき姿を実現するうえで、ヒーローマーケティングから生まれたヒーローの存在は大きな推進力となります。オーガマンやドゲンジャーズの場合は、その力があまりに大きかったため、その影響力は私の当初の予想をはるかに超えて、勝手に走り出してしまいました。彼らヒーローたちは今後社員や地域の人たちの夢や憧れを乗せてさらに異なる姿に変化するのかもしれません。

「○○になりたい」そんな思いを胸に秘めている人は、まずその思いを口に出すところから始めるべきだと思います。私が笹井さんに巡り合えたように、仲間は意外と近くにいることがあります。そして、仲間を得られなかったり、つまずいたり、壁を越えられないときは、オーガマンやドゲンジャーズの取り組みを参考にしてみてください。私たちが築き上げてきた実績が今度は誰かの夢や憧れの力になることができたなら、それはヒーローに変身を遂げた私の面目躍如というところです。

2024年11月吉日　大賀崇浩

大賀崇浩（おおが　たかひろ）

1982年生まれ。東京理科大学卒業後、大手商社を経て2008年に大賀薬局に入社。調剤薬局事業本部長、ドラッグストア事業本部長などを歴任。2016年4月代表取締役副社長、2017年9月代表取締役社長に就任（現任）。経営不振に陥っていた現状から脱却するため2019年10月「薬剤戦師オーガマン」としてデビューし、ヒーローマーケティングに着手する。オーガマンへの初期投資はすでに回収済みで、投資の40倍の広告効果を実現し、地域で圧倒的な認知度を誇る薬局へとV字回復させた。

本書についての
ご意見・ご感想はコチラ

町の薬局を県内最大手に導いた
ヒーローマーケティング

2024年11月28日　第1刷発行

著　者　　大賀崇浩
発行人　　久保田貴幸

発行元　　株式会社 幻冬舎メディアコンサルティング
〒151-0051　東京都渋谷区千駄ヶ谷4-9-7
電話　03-5411-6440（編集）

発売元　　株式会社 幻冬舎
〒151-0051　東京都渋谷区千駄ヶ谷4-9-7
電話　03-5411-6222（営業）

印刷・製本　中央精版印刷株式会社
装　丁　　弓田和則

検印廃止

ISBN 978-4-344-94848-8 C0034
幻冬舎メディアコンサルティングＨＰ
https://www.gentosha-mc.com/